Mosaik

Gabriele Redden

Vergessene Gemüse

Traditionelle Gemüsearten
für Genießer neu entdeckt

Mosaik Verlag

Bildnachweis
Gruner + Jahr-Fotoservice / Banderob 119 / Stradtmann 111
LAMONTAGNE 57, 77 oben, 115 unten links, 139 /
Mosaik Verlag
Brauner 19, 23, 28, 34, 45, 46, 51, 59, 69, 93, 112, 117, 125, 129, 131, 133, 134, 141 /
Eising 39, 82 / Feuz 86 / Goldmann 41, 52, 99, 105 / Kerth 65, 81 / Pudenz 97 /
Teubner 15, 89, 101, 107 / The Food Professionals 20 /
Ulrich Niehoff 5 /
Helmut Peters 8/9, 54/55, 74/75, 144/145 /
PRIMA 72, 127 / Brauner 63, 78, 143 / Trnka 33, 90 /
Wolfgang Redeleit 7, 17 unten links, 77 unten links /
Reinhard-Tierfoto 17 oben links + unten rechts, 25, 31 alle, 37, 43, 49, 67, 71, 85 unten beide, 95, 115 oben,
123, 136/137, 146 148, 150, 154, 156, 158, 160, 162 /
Senator-Verlag / Krieg 17 oben rechts, 85 oben, 103, 109, 120/121 /
Rosenfeld 77 unten rechts /
Stock-Food Eising 13 / Studio Teubner 27 /
Technische Universität München / Prof. Liebster 61, 115 unten rechts /
Max F. Wetterwald 11

Der Mosaik Verlag ist ein Unternehmen der Verlagsgruppe Bertelsmann

Redaktionsleitung: Halina Heitz
Umschlaggestaltung: Karoline Droege
Titelfoto: Helmut Peters, München
Layoutkonzeption: Hubert K. Hepfinger, Freising
DTP: Renate Dräger, München
Reproduktionen: Artilitho, Trento
Druck und Bindung: Canale & C.S.p.A., Turin
Printed in Italy
ISBN 3-576-10648-0

Vorwort

Im Frühjahr bedauere ich es immer ganz besonders, daß ich keinen Garten mehr habe, in dem ich das Gemüse, das mir und meiner Familie schmeckt, selbst anbauen kann. Mein Balkon ist nicht viel größer als ein Küchenhandtuch und der Platz reicht gerade für ein paar Kräuter, die ich allerdings mit großer Hingabe pflege.

Der Garten meiner Kindheit, an den ich heute mit leichter Wehmut zurückdenke, lag im Länderdreieck Deutschland, Belgien, Holland. Es war in den fünfziger Jahren, ich lebte damals bei meinen Großeltern in einem großen, alten Fachwerkhaus, das früher einmal eine Grenzstation auf dem Weg in die Nachbarländer gewesen war.

Hinter dem Haus lag ein riesiger, etwas verwilderter Bauerngarten mit vielen Blumen, blühenden Büschen, einem gemauerten Teich ohne Fische, aber mit Seerosen und Fröschen und einer kleinen Wiese, die von einer dicken Linde überschattet wurde. Hatte man diesen romantischen Teil des Gartens durchquert und war durch eine schmale Öffnung der Ligusterhecke gegangen, die die beiden Gärten voneinander trennte, stand man vor gepflegten Gemüsebeeten, die der ganze Stolz meiner Großmutter waren. Auf der rechten Seite standen zwei Apfelbäume, deren wohlschmeckende Sorte man nirgendwo kaufen konnte, ein knorriger Birnbaum mit Blutbirnen, kleinen, süßen Früchten mit blutrotem Fruchtfleisch und hinten in der rechten Ecke ein großer Kirschbaum, der Ende Juni/Anfang Juli die wunderbarsten, dicksten, gelbroten Kirschen trug, die man sich nur denken kann. Davor waren eine Reihe Sträucher mit roten und schwarzen Johannisbeeren und Stachelbeeren gepflanzt. Viele Gemüse, wie Rauke, Sauerampfer, Gartenmelde und Gewürzkräuter, die in unserem Garten wuchsen, stammten ursprünglich von den umliegenden Wiesen und Wegrändern. Rüben- und Kohlpflanzen bekamen wir von den Bauern, und was es damals im Handel an Samen gab, wurde gekauft.

Es verging fast kein Tag, an dem nicht etwas im Garten zu tun war: Der Kampf gegen das Unkraut, der nie gewonnen wurde, die Erde, die immer wieder gelockert werden mußte, und die Pflanzen, die Wasser brauchten, wenn es längere Zeit nicht geregnet hatte. Dann schleppten wir das Wasser mit unseren kleinen Eimern in den Garten und fühlten uns wie Lebensretter.

Am liebsten war uns - meinem etwas jüngeren Cousin Michael und mir - natürlich das Ernten. Was immer wir roh essen konnten, haben wir natürlich erst einmal probiert. Unser Garten kannte keine Chemie, deshalb wurden Erdbeeren, Möhren, Herbstrüben etc. mit der Schürze nur kurz abgewischt und - „Dreck putzt den Magen" - knirschend verspeist. Das war der Moment der Wahrheit - der Lohn unseres Einsatzes.

Ganz hinten links, neben den Erdbeeren, befand sich mein Beet, wo ich pflanzen durfte, was ich wollte. Nie werde ich den Geschmack meiner ersten Möhren und Pastinaken vergessen, die meine Großmutter nur mit Butter und etwas Petersilie als Beilage zubereitet hatte, und natürlich haben sie mir nie wieder so gut geschmeckt wie damals.

Dieser wunderbare Garten ernährte unsere ganze Familie. Zwar hatten wir Hühner, die neben Eiern auch mal eine gute Suppe abgaben, auch bekamen wir vom Förster hin und wieder ein Reh, ein paar Hasen oder Fasanen und einmal im Jahr schlachtete ein benachbarter Bauer ein Schwein für uns, aber Gemüse und Früchte waren die wesentli-

Der Garten meiner Kindheit, dessen gepflegte Gemüsebeete der ganze Stolz meiner Großmutter waren.

chen Bestandteile unserer Ernährung. Und so wie bei uns, war es in vielen anderen Familien auch.

In den folgenden Wohlstandsjahren wurde die Nahrung fetter und wir wurden bequemer. Es wurde nicht mehr angebaut, sondern gebaut, und die Gärten gingen verloren. Gegessen wurde das, was man kaufen konnte, schließlich war die Auswahl groß genug. Die Gemüse wurden noch grüner, gelber oder röter und immer haltbarer, dafür verloren sie an Geschmack; Varianten wurden gezüchtet, so wie der Markt sie angeblich erforderte, der Verbraucher wurde nicht erst groß gefragt, sondern für ihn wurde entschieden und produziert.

Bei so viel Geschäftigkeit blieb manches „ungeeignete" Gemüse auf der Strecke, weil vielleicht der Anbau zu aufwendig oder das Gemüse nicht lagerfähig war oder weil man meinte, daß beispielsweise Spinat nicht noch durch ähnlich schmeckende Blattgemüse wie z.B. Gartenmelde ergänzt werden müßte. Es ist sehr schade, daß das Angebot an Gemüsen aus marktpolitischen Gründen eingeschränkt wurde.

Gehen Sie deshalb mit diesem Buch auf eine Entdeckungsreise in die Sortenvielfalt der vergessenen Gemüse, und finden Sie heraus, welch wunderbarer Genuß ein frischer Salat aus Wiesenkräutern, ein Mangold-Auflauf oder in Butter geschwenkte Teltower Rübchen sind. Was Sie in Ihrem Garten nicht anpflanzen können oder wollen, finden sie auf den Wiesen und an den Waldrändern Ihrer Umgebung.

Die Blatt- und Stielgemüse

Zu den Blatt- und Stielgemüsen gehören die verschiedensten Arten mit den unterschiedlichsten Geschmacksrichtungen. Dennoch haben diese Gemüse viele Gemeinsamkeiten, sie sind alle reich an Vitamin A und C und wichtigen Mineralien. Sie schmecken am besten, wenn sie jung und zart sind und sollten so bald wie möglich nach der Ernte zubereitet werden.

Brennessel

Urtica dioica und *Urtica urens*
Nesselgewächse

Auch das flüchtigste Berühren einer Brennessel bleibt nicht ungestraft und der Eindruck hält stundenlang vor, greift man aber beherzt zu, tut sie einem nichts. Noch sicherer ist es, Handschuhe zu tragen, wenn man Brennesseln sammeln will. Und dafür gibt es eine Menge Gründe, denn sie werden nicht nur in der Naturheilkunde hochgeschätzt, sondern auch in der Küche. Brennesseln werden zu Tee, Saft, Tinktur oder Sirup verarbeitet und helfen vor allem bei Stoffwechselbeschwerden.

Bis Anfang des 18. Jahrhunderts wurde die Brennessel noch in großem Umfang angebaut, um aus ihren Stengeln Fasern zu gewinnen, aus denen Seile und Papier hergestellt wurde.

Die Brennessel enthält neben Betacarotin und Vitamin C wichtige Spurenelemente und Mineralstoffe, unter anderem viel Eisen, mehr als Spinat. Der hohe Eisengehalt – Eisen fördert die Blutbildung – muß meiner Großmutter bekannt gewesen sein, denn im Frühjahr kam Brennesselgemüse in vielen Variationen mindestens einmal in der Woche auf den Tisch. „Damit ihr Bleichgesichter wieder ein bißchen Farbe ins Gesicht bekommt."

Die Brennesseln waren immer gekocht, damit das in den Brennhärchen enthaltene Gift zerstört wurde. Meistens bereitete sie ein Mischgemüse zu oder schnitt die Blättchen in eine Kartoffelsuppe. Sie verwendete immer nur die ganz jungen Blättchen, denn die älteren enthalten zuviel Gerbsäure und haben einen strengen, unangenehmen Geschmack.

Die Brennessel ist ein Kosmopolit, sie gedeiht praktisch überall auf der Welt von April bis September. Dieses anspruchslose „Unkraut" wächst üppig auf feuchten Böden, in Gärten, auf Wiesen oder Ödland, sogar auf Schutthalden. Am besten schneiden Sie die jungen Triebe mit einer Schere ab, und wenn Sie sie frisch verwenden wollen, dann rollen Sie mit einem Nudelholz darüber, damit die kleinen Brennhärchen abgeknickt werden. Sammeln Sie Brennesseln aber nur auf ungedüngten Wiesen, deren Böden wenig Nitrat enthalten, denn die Pflanze speichert diesen Stoff besonders gerne in ihren Zellen. Aus diesem Grund sollte Brennesselgemüse, wie Spinat übrigens auch, nicht wieder aufgewärmt werden.

→ Beim Berühren der Brennesel ist Vorsicht geboten, nur beherztes Zugreifen verhindert, daß man sich „brennt".

Ravioli mit Brennessel-Sauce

Rezept für 4 Personen

150 Gramm mehligkochende Kartoffeln

1 Eßlöffel gehackte Schalotten

1 Eßlöffel Butter, 2 Eßlöffel saure Sahne

1 Eßlöffel kalte Butter

Salz, Muskat

150 Gramm Nudelteig (Rezept S. 170)

1 Eiweiß

Für die Sauce:

150 Gramm junge Brennesseln

2 Schalotten, 1 kleine Knoblauchzehe

4 Teelöffel Butter, 2 kleine Kartoffeln

200 Milliliter Fleischfond (Rezept S. 167)

300 Gramm Sahne

Salz, weißer Pfeffer, Muskat

Die Kartoffeln schälen, kochen und durchdrücken. Die Schalotten pellen, fein würfeln und in der Butter glasig dünsten, dann zu den Kartoffeln geben. Die saure Sahne und die kalte Butter zufügen, durchkneten und mit Salz und Muskat abschmecken.

Den Nudelteig ausrollen und mit einem Glas 24 Kreise von 6–8 Zentimeter Durchmesser ausstechen. Die Kartoffelmasse auf die Hälfte der Kreise verteilen. Die Ränder der restlichen Teigkreise mit verschlagenem Eiweiß bestreichen und darauf legen, mit den Zinken einer Gabel die Ränder festdrücken. In siedendem Salzwasser 4 Minuten garen.

Die Brennesseln waschen, putzen und in kochendem Wasser blanchieren, mit kaltem Wasser abschrecken und gut abtropfen lassen. Die Schalotten in der Butter glasig dünsten und zu den Brennesseln geben. Die Kartoffeln schälen, raffeln und zufügen. Die Knoblauchzehe durchpressen und zugeben. Mit dem Fleischfond aufgießen und etwa 10 Minuten köcheln lassen. Mit dem Pürierstab pürieren, Sahne zugießen, nochmals aufkochen und mit Salz, Pfeffer und Muskat abschmecken.

Brennessel-Soufflé

Rezept für 6 bis 8 Stück

1 Liter Béchamelsauce (Rezept S. 169)

5 Eiweiß

200 Gramm Brennesseln

2 Frühlingszwiebeln, 20 Gramm Butter

½ Teelöffel abgeriebene Schale einer unbehandelten Zitrone

Außerdem:

Fett und Paniermehl für die Förmchen

Die Brennesseln waschen und blanchieren, in ein Mulltuch geben und gut ausdrücken. Das Gemüse auf ein Brett geben und mit einem großen Messer durchhacken. Die Frühlingszwiebeln waschen und fein würfeln. Die Butter erhitzen, das Brennesselgemüse und die Frühlingszwiebeln darin kurz dünsten. Die Brennessel-Frühlingzwiebel-Mischung unter die Béchamelsauce heben und die abgeriebene Zitronenschale untermischen. Die Förmchen erst einfetten, dann mit Paniermehl bestreuen. Die Masse bis zu ½ Zentimeter unter den Rand in die Förmchen einfüllen und jedes Förmchen kurz auf den Tisch stauchen, damit die Luftblasen entweichen. Dann im vorgeheizten Ofen bei 180 Grad 20 Minuten backen.

→ **Brennessel-Soufflé**

Grüner Nudelauflauf

Rezept für 4 Personen

200 Gramm grüne Tagliatelle

200 Gramm Brennesseln

200 Gramm Frühstücksspeck

200 Gramm Crème fraîche

50 Gramm geriebener Parmesan

100 Gramm geriebener Emmentaler

4 Eier

Salz, Pfeffer aus der Mühle

geriebene Muskatnuß

40 Gramm Butter

Die Nudeln in reichlich sprudelndem Wasser etwa 5 Minuten kochen. Gut abtropfen lassen.

Die Brennesseln putzen, waschen und blanchieren. In einem Mulltuch ausdrücken und pürieren.

Den Frühstückspeck in kleine Würfel schneiden und mit dem Brennesselpüree, der Crème fraîche, Parmesan und 50 Gramm Emmentaler verrühren. Die Eier verquirlen und untermischen. Die Mischung mit Salz, Pfeffer und Muskat würzen. Dann die Nudeln unterheben. Eine feuerfeste Form mit der Butter ausfetten und die Nudelmischung hineingeben. Mit dem restlichen Emmentaler bestreuen und im vorgeheizten Ofen bei 180 Grad etwa 20 Minuten backen.

Brennesselsuppe

Diese Suppe habe ich zum ersten Mal bei Freunden in Irland gegessen. Es wurde ein Topf Kartoffeln gekocht, der zur selben Zeit fertig war wie die Suppe. Das Fleisch wurde aus der Brühe genommen und in kleine Stücke geschnitten. Jeder nahm sich zwei, drei Kartoffeln, zerdrückte sie mit der Gabel, gab sich einige Fleischstücke und eine Kelle mit Suppe darauf. Und dann wurde das Ganze mit einem Löffel gegessen.

Rezept für 6 Personen

1 Kilogramm Rind- oder Lammfleisch zum Kochen

2 ¼ Liter Wasser

125 Gramm Perlgraupen

1 Bund Frühlingszwiebeln

100 Gramm junge Brennesseln

Salz, Pfeffer aus der Mühle

Das Fleisch im kalten Wasser aufsetzen, zum Kochen bringen, die Graupen zufügen und dann etwa 2½ Stunden sanft köcheln lassen.

Die Frühlingszwiebeln und Brennesseln waschen und trockentupfen. Die Frühlingszwiebeln in Ringe schneiden, Nesselblätter grob hacken und beides in die Suppe geben. Nach etwa 25 Minuten die Suppe mit Salz und Pfeffer abschmecken.

→ **Grüner Nudelauflauf**

Die Kresse-Familie

Brunnenkresse *Nasturtium officinale;* Kapuzinerkresse *Tropaeolum majus*;
Löffelkraut *Cochlearia officinalis*; Rauke *Eruca sativa*
Kreuzblütler bzw. Kapuzinerkressengewächse

„J'aime Chelles et ses cressonières. Et le doux tic tac des moulins", schrieb Victor Hugo über das kleine Städtchen an der Marne im 19. Jahrhundert. Auch heute noch säumt die **wilde Brunnenkresse** Bäche und Seen, aber schon seit Mitte des 18. Jahrhunderts wird sie in Thüringen kultiviert und in großen Wasserbecken angebaut. Heute gelten die Anbaugebiete in der Picardie, nördlich von Paris, und das Dreibrunnenfeld bei Erfurt als die größten Lieferanten von Brunnenkresse in der ganzen Welt.

Wie alle dunkelgrünen Blattgemüse enthält sie viel Betacarotin und Vitamin C, und neben wichtigen Mineralstoffen ist sie besonders reich an Jod – wichtig für unseren Grundumsatz.

Die **Kapuzinerkresse** ist die beliebte, leider frostempfindliche Kletterpflanze mit orangefarbenen Blüten, die jeden Garten schmückt. Die wenigsten Menschen wissen jedoch, daß man sie auch essen kann. Ihre Blätter enthalten neben Vitamin C und vielen Mineralstoffen eine mit dem Penicillin verwandte antibiotisch wirkende Substanz.

Legt man die grünen Samen sowie die Knospen der Kapuzinerkresse in Essig oder Salz ein, schmekken sie ähnlich wie Kapern. Seit kurzer Zeit wird sie in Frankreich vereinzelt angebaut, aber da sie eine recht anspruchslose Pflanze ist, kann sie im März/April an sonnigen, feuchten Plätzen problemlos in jedem Garten ausgesät werden. Sie blüht von Juli bis Oktober.

Das **Löffelkraut** hat einen besonders hohen Gehalt an Vitamin C und diente früher als Heilmittel gegen Skorbut, weshalb man es auch Skorbutkraut nannte. Wild kommt es in Küstengegenden vor, denn es liebt salzhaltige Böden, aber Löffelkraut können Sie auch in Ihrem Garten anbauen. Die zweijährige Pflanze, die im März/April ausgesät wird, liebt es frisch und feucht, und je nach Aussaat können 8–10 Wochen später schon die ersten Blätter geerntet werden.

Die **Rauke** erfuhr durch die italienische Küche als „Rucola" ein unerhörtes Comeback. Bis Anfang dieses Jahrhunderts war sie wegen ihrer belebenden Wirkung ein wohlbekanntes Küchenkraut und geriet dann irgendwie in Vergessenheit. Seit einigen Jahren jedoch steht sie auf der Speisekarte jedes italienischen Restaurants und wurde auch für die eigene Küche wiederentdeckt. In Indien wird die Rauke übrigens wegen des hohen Ölgehaltes ihres Samens auch zur Ölgewinnung angebaut.

Obwohl es sie inzwischen auf jedem Markt zu kaufen gibt, ist es ganz einfach, sie selbst anzupflanzen, vorausgesetzt, man hat ein warmes Plätzchen, denn als mediterrane Pflanze bevorzugt sie mildes Klima. Am besten gedeiht sie an einem sonnigen Ort mit genügend Feuchtigkeit. Man sät sie im Mai aus und kann acht Wochen später schon die ersten Blätter in den Salat schneiden.

→ Links oben: Rauke, rechts oben: Brunnenkresse, links unten: Löffelkraut, rechts unten: Kapuzinerkresse

Wildkräutersalat mit Kartoffel-Vinaigrette

REZEPT FÜR 8 PERSONEN

je ein kleiner Bund Brunnenkresse,

Löffelkraut, Rauke, Sauerampfer und Löwenzahn

4 Stengel Pimpinelle

4 Blättchen Borretsch

1 Bund Radieschen

2 Eßlöffel Sonnenblumenkerne

2 kleine gekochte Kartoffeln

250 Milliliter Buttermilch

1 kleine Knoblauchzehe

½ Teelöffel Senf

2 Eßlöffel Sonnenblumenöl

2 Eßlöffel Apfelessig

Kräutersalz, Pfeffer

Die Salatblätter und die Kräuter waschen, kleinzupfen und mischen. Die Radieschen putzen, waschen und in Scheiben schneiden. Die Sonnenblumenkerne ohne Fett in einer Pfanne rösten und abkühlen lassen.

Die Kartoffeln kleinschneiden und zusammen mit der Buttermilch pürieren. Die durchgepreßte Knoblauchzehe, Senf, Öl, Essig, Kräutersalz und Pfeffer unterrühren und diese Sauce über den Salat geben.

Brunnenkresse-Suppe

REZEPT FÜR 4 PERSONEN

300 Gramm Brunnenkresse

350 Gramm Kartoffeln

1 mittelgroße Zwiebel

60 Gramm Butter

750 Milliliter Geflügelfond (Rezept S. 166)

250 Gramm Schlagsahne

2 Eigelb

Salz, schwarzer Pfeffer aus der Mühle

frisch gemahlene Muskatnuß

Die Brunnenkresse waschen und grob hacken. Ein Viertel davon beiseite legen. Die Kartoffeln schälen und würfeln. Die Zwiebel schälen und hacken. Alles in einem Topf mit der zerlassenen Butter etwa 10 Minuten dünsten. Den Geflügelfond zugießen und etwa 20 Minuten köcheln lassen.

Dann das Gemüse mit dem Stabmixer pürieren. Die Sahne mit den Eigelben, Salz, Pfeffer und Muskat vermischen und unterziehen. Nur kurz aufwallen, nicht kochen lassen. Die restliche Brunnenkresse über die Suppe streuen.

→ **Brunnenkresse-Suppe**

Salat quer durch den Garten

Rezept für 4 Personen

3 Schalotten

6 Eßlöffel Olivenöl

1 Bund Brunnenkresse

1 Bund Löwenzahn

1 Bund Spinat

1 Bund Löffelkraut

1 Bund Basilikum

1 Bund Petersilie

2 Eßlöffel Balsamico-Essig

Salz, Pfeffer aus der Mühle

Die Schalotten pellen und vierteln. Das Olivenöl in einer Pfanne auf der geringsten Stufe erhitzen und die Schalotten darin glasig dünsten. Abkühlen lassen.

Alle Kräuter verlesen, waschen und gut abtropfen lassen. In eine große Schüssel geben und mischen.

Das abgekühlte Öl und die Schalotten mit dem Balsamico-Essig mischen, mit Salz und Pfeffer würzen und über den Salat gießen. Gut mischen und mit geröstetem Baguette servieren.

Brunnenkresse-Terrine mit Lachs

Rezept für 4 Personen

250 Gramm Brunnenkresse

6 Blatt Gelatine

200 Millliliter Fisch- oder Geflügelfond (Rezept S. 166)

300 Gramm Joghurt

Salz, weißer Pfeffer aus der Mühle

200 Gramm Räucherlachs

1 Eßlöffel Zitronensaft

Die Brunnenkresse verlesen, waschen und blanchieren. Abkühlen, gut abtropfen lassen und hacken.

Die Gelatine in kaltem Wasser einweichen und in dem Fond auflösen. Etwas abkühlen lassen und den Joghurt unterziehen. Die Hälfte der Masse mit der abgekühlten Brunnenkresse vermischen und mit Salz und Pfeffer abschmecken. Die Masse in eine mit Folie ausgelegte Kastenform füllen. Darauf den Lachs verteilen.

Die restliche Joghurtmasse ebenfalls mit Salz und Pfeffer und mit Zitrone abschmecken und auf den Lachs geben. Die Terrine für etwa 2 Stunden in den Kühlschrank stellen. Aus Schnittlauch, Brunnenkresse und Kirschtomaten vier kleine Garnituren anrichten. Mit je 1 Teelöffel Vinaigrette I (Rezept S. 168) beträufeln und je 2 Scheiben Brunnenkresse-Terrine servieren.

Salat quer durch den Garten ←

Bandnudeln mit Rauke

Rezept für 4 Personen

2 Bund Rauke

100 Gramm gekochter Schinken

wahlweise 1 Knoblauchzehe

500 Gramm Bandnudeln

Salz

3 Eßlöffel Butter

2 Eßlöffel Olivenöl

schwarzer Pfeffer aus der Mühle

Parmesan

Die Rauke waschen und gut abtropfen lassen. Den Schinken in Streifen schneiden. Die Knoblauchzehe pellen und in feine Würfel schneiden.

Die Nudeln in 2 Liter kochendes Salzwasser geben und 7–8 Minuten kochen.

Die Butter bei geringer Hitze in einer Pfanne zerlassen, dann das Olivenöl zugeben. Zuerst die Knoblauchwürfel glasig werden lassen, dann den Schinken und die abgetropfte, gehackte Rauke hinzufügen und alles etwa 3 Minuten dünsten. Mit Salz und Pfeffer würzen.

Die bißfest gekochten Nudeln abtropfen lassen und sofort unter die Rauke-Schinken-Mischung rühren. Auf vier Teller verteilen und Parmesan darüberhobeln.

Blattsalate mit Kapuzinerkresse und geräucherter Hühnerbrust

Rezept für 4 Personen

4 halbe geräucherte Hühnerbrüste

1 kleiner Kopf Eichblattsalat

1 kleiner Kopf Friséesalat

50 Gramm Rauke

50 Gramm Kapuzinerkresse mit 4 Blüten

4 Eßlöffel alter Balsamico-Essig

2 Eßlöffel Traubenkernöl

Salz

Pfeffer aus der Mühle

2 Eßlöffel Sonnenblumenkerne

Die Hühnerbrüste quer in 2 Zentimeter breite Streifen schneiden. Die Salate waschen und putzen. Den Eichblattsalat und Friséesalat in mundgerechte Stücke zupfen. Die Rauke und die Kapuzinerblätter in breite Streifen schneiden. Die Salate in eine Schüssel geben.

Aus Balsamico-Essig, Traubenkernöl, Salz und Pfeffer eine Salatsauce rühren, in die Schüssel geben und den Salat damit mischen. Dann auf vier Teller verteilen, je eine halbe, in Scheiben geschnittene Hühnerbrust daraufsetzen, mit Sonnenblumenkernen bestreuen und einer Blüte garnieren.

→ **Bandnudeln mit Rauke**

Cardy

Cynara cardunculus

Korbblütler

Die **Cardy** oder Kardone kann man mit Fug und Recht ein vergessenes Gemüse nennen, denn sie ist bei uns im Lauf der Zeit schon einige Male vergessen worden und immer wieder in Mode gekommen. Bereits in der Mitte des 17. Jahrhunderts wurde sie in Deutschland kultiviert, und bis Ende des letzten Jahrhunderts ist Cardy in den klassischen, deutschen Kochbüchern mit vielen Rezepten bedacht. Leider finden Sie sie heute nur vereinzelt auf deutschen Märkten und wenn, dann vorwiegend in Süddeutschland.

Wie die Artischocke ist die Cardy eine Mittelmeerpflanze und gehört zur Gruppe der Disteln. Allerdings werden nicht ihre Knospen, sondern ihre Blattstengel gegessen. In Südfrankreich, Spanien und Italien ist sie wegen ihres milden und trotzdem leicht pikanten Geschmacks ein sehr geschätztes Gemüse. Sie wird gerne in Butter gedünstet und mit Sahne verfeinert, aber auch in „bagna cauda" aus Olivenöl, Butter und Anchovis getaucht.

Früher hat man vor allem in Frankreich die Cardyblüten getrocknet und als Labersatz für die Weichkäseherstellung verwendet. Auch heute kann man noch vereinzelt im Charentais von kleinen Käsereien die sogenannten „caillebottes", kleine runde Weichkäse, erstehen.

Es ist nicht ganz einfach, Cardy anzubauen, sie liebt warme, nahrhafte und gut durchlüftete Böden. Ab September werden die Pflanzen gebleicht, das heißt, sie werden mit Stroh, dunkler Folie oder Pappe mindestens einen Meter hoch eingehüllt. Damit sie ihre Standfestigkeit behalten, häufeln Sie einzelne Pflanzen etwas an. Zwei bis drei Wochen später können Sie die ersten bleichen Stengel ernten. Zum Lagern werden die „Gemüseartischocken" mit dem Erdballen ausgegraben und im Keller samt Folie oder Pappe gelagert.

→ **Die Cardy ist nicht nur ein interessantes Gemüse, sie ist auch eine Zierde für den Garten**

Cardy-Flan auf Kapernrahm

Rezept für 4 Personen

1 Schalotte

2 Sardellenfilets

1 Eßlöffel Olivenöl

2–3 Cardystauden

2 Eigelb, 2 Eiweiß

1 Bund Petersilie, 1 Zweiglein Estragon

Salz, weißer Pfeffer aus der Mühle

6 Eßlöffel Butter, 1 Eßlöffel Kapern

100 Milliliter Weißwein

125 Gramm Schlagsahne

Die Schalotte fein würfeln und mit den Sardellenfilets im Olivenöl dünsten, bis die Sardellenfilets zerfallen sind.

Die Cardystauden werden wie rechts beschrieben zubereitet. Die weichgedünsteten Cardystücke mit der Schalotten-Sardellen-Mischung in einem Mixer pürieren und mit dem Eigelb vermischen.

Die Petersilie hacken, unterheben und mit Salz und weißem Pfeffer würzen. Das Eiweiß steif schlagen und unter die Mischung heben.

Vier größere oder acht kleine Flan- oder Soufflé-förmchen mit 1 Eßlöffel Butter einfetten und die Masse darauf verteilen. Die Förmchen ins Wasserbad stellen und im siedenden Wasser etwa 1 Stunde garen. Wenn der Flan bei Berührung mit der Fingerkuppe leicht zurückspringt, ist es gar.

Die Kapern hacken und mit dem Weißwein und dem Estragonzweig etwa 5 Minuten köcheln lassen. Estragonzweig entfernen und die Sahne zufügen.

Mit Salz abschmecken und die restliche kalte Butter in kleinen Flöckchen darunterschlagen.

Cardy überbacken

Rezept für 4 Personen

2–3 Cardystauden

300 Gramm Schlagsahne

3 Eier

80 Gramm geriebener Gruyère

1 Eßlöffel Butter

Salz, weißer Pfeffer

6 Eßlöffel Paniermehl

Die Cardystauden waschen. Die Blattstielenden abschneiden und die äußeren Stangen entfernen. Von den inneren zarteren Stangen die Blattreste sowie die stacheligen Ränder abschneiden. Dann werden die ungenießbaren Fäden abgezogen und die Stangen in fingerlange Stücke geschnitten. Sie müssen sofort in Essigwasser gelegt werden, damit sie nicht schwarz werden. Man gart die Cardystücke in wenig Salzwasser 25–30 Minuten und zieht die restlichen Fäden ab.

Die Sahne mit den Eiern verquirlen und die Hälfte des Käses darunterheben. Mit Salz und Pfeffer würzen.

Eine Auflaufform mit der Butter austreichen, die Cardystücke hineinlegen und mit der Eier-Sahne übergießen. Den restlichen Käse mit dem Paniermehl vermischen und darüberstreuen. Bei 200 Grad etwa 20 Minuten überbacken.

→ **Cardy überbacken**

Cardy-Crèmesuppe

Rezept für 4 Personen

2 Cardystauden

250 Milliliter Geflügelfond (Rezept S. 166)

300 Gramm Schlagsahne

100 Gramm Gorgonzola

Salz, Chilipfeffer

glatte Petersilie

Die Cardystauden wie auf Seite 24 beschrieben zubereiten. Den Geflügelfond erhitzen, die Cardystauden zufügen und 10 Minuten köcheln lassen. Dann mit dem Stabmixer pürieren und die Sahne zufügen und schließlich den Gorgonzola darin schmelzen. Mit Salz und zerstoßenem Chilipfeffer abschmecken und mit gehackter Petersilie bestreuen.

Cardy mit zwei Dips

Die Cardy ist der Artischocke im Geschmack sehr ähnlich. Ich serviere sie deshalb häufig mit verschiedenen Dipsaucen.

Rezept für 4 Personen

3 Cardystauden

6 Eßlöffel Olivenöl

2 Eßlöffel Zitronensaft

½ Bund Pimpinelle

Salz, Pfeffer aus der Mühle

4 Eßlöffel Mayonnaise

4 Eßlöffel Joghurt

½ Bund gehackter Estragon

1 Eßlöffel gehackte Kapern

Die Cardystauden wie auf Seite 24 beschrieben zubereiten, in eine Schale geben und abkühlen lassen.

Das Olivenöl und den Zitronensaft vermischen und so lange schlagen, bis sie eine Emulsion ergeben. Die Pimpinelle waschen, trockentupfen und hacken. Unter die Emulsion mischen, salzen und pfeffern. In ein Schälchen gießen und zum Cardy servieren.

Für den zweiten Dip Mayonaise und Joghurt gut miteinander verquirlen, dann den Estragon und die Kapern unterheben. Salzen und pfeffern. Ebenfalls in ein Schälchen füllen und zum Cardy reichen.

Cardy-Crèmesuppe ←

Die Spinat-Familie

Gartenmelde *Atriplex hortensis*; Guter Heinrich *Chenopodium bonus-henricus;*
Mangold *Beta vulgaris var. vulgaris* und *var. flavescens*
Gänsefußgewächse

Heute kennt man sie noch als weit verbreitetes Unkraut, dabei liegt es nur an ihrer Kultivierung in früheren Zeiten, daß sie überhaupt bei uns zu finden ist. Die **Gartenmelde** stammt ursprünglich aus Zentralasien und wurde erst durch die Römer bei uns „eingebürgert". Bis zum Anfang unseres Jahrhunderts war sie als Frühjahrsgemüse hochgeschätzt. Dann wurde sie vom Spinat verdrängt. Es gibt auch heute noch vier Sorten, gelbe, grüne, rote und bunte, wovon die grüne die am weitesten verbreitete ist.

Die Samen werden auf sonnig gelegene Beete, deren Boden gut gedüngt wurde, im Abstand von 20 Zentimetern ausgesät. Nach ungefähr 6–8 Wochen, wenn die Pflanzen etwa 25 Zentimeter hoch sind, können sie geerntet werden. Wer während der ganzen Saison ernten will, sät im Abstand von zwei Wochen von März bis Mai aus.

Sorten: Grüne Rheinische Kopfmelde, Großblättrige, große, gerippte Melde, Lees Riesenmelde, Blutrote Gartenmelde, Gelbe Melde, Rote Melde, Bunte Melde.

Ähnlich wie der Gartenmelde erging es auch dem **Guten Heinrich,** als der Spinat seinen Siegeszug antrat. Er ist eine heimische Pflanze, wurde früher in ganz Europa kultiviert und von den Kolonisten sogar in Amerika eingebürgert. Heute ist er kaum noch zu finden.

An sonnigen Plätzen ausgesät, braucht er etwa 10–12 Wochen, bis er geerntet werden kann.

Während Gartenmelde und Guter Heinrich näher miteinander verwandt sind, ist der **Mangold** eine Variante der Rübe, auch wenn man nur seine Blätter und Blattstiele ißt. Mit seinen glänzenden grünen Blättern, seinen weißen oder roten Rippen und Stielen ist der Mangold nicht nur eine schöne Pflanze, sondern auch ein besonders gesundes Gemüse. Sein hoher Gehalt an Mineralstoffen und Vitaminen steht im umgekehrten Verhältnis zu seiner Beliebtheit bei Kindern. Wenn er früher bei uns auf den Tisch kam, konnte ich nur mit Roter Grütze und Vanillesauce als Nachtisch bestochen werden, ihn aufzuessen.

Auf den Märkten ist der Mangold vor allem im Rheinland zu finden, er gilt als Gemüse für Liebhaber. Wer ihn selbst anbauen will, sät ihn von Mitte April bis in den Juli hinein mit einem Abstand von 30 Zentimetern etwa 1 Zentimeter tief in die Erde. Er bevorzugt lockere tiefgründige, humose Lehmböden. Sie sollten ihn gut düngen, ausreichend feucht halten und die Erde um die Pflanzen öfter auflockern. Je nach Aussaat können Sie den Mangold von Ende Juni bis Anfang November ernten.

Sorten: Grüner Schnitt, Gelber Schnitt, Glatter, grüner Mangold, Vulkan (rote Blattstiele), Blonder Mangold mit Silberstangen.

→ Mangold (oben), Gartenmelde (unten rechts) und Guter Heinrich (unten links) sind wunderbare Blattgemüse, die dem Spinat durchaus das Wasser reichen können

Gartenmelde-Wähe

REZEPT FÜR EINE PIE-FORM
VON 26 ZENTIMETER DURCHMESSER

Für den Teig:
250 Gramm Mehl
1 Prise Salz
4 Eßlöffel Olivenöl
1 Ei
1–2 Eßlöffel Wasser
Mehl zum Ausrollen
Fett für die Form
Für die Füllung:
2 Schalotten
2 Stangen Staudensellerie
500 Gramm Gartenmelde
4 Eßlöffel Butter
Salz, Pfeffer aus der Mühle
200 Gramm Schafskäse

Aus Mehl, Salz, Öl, dem verquirlten Ei und etwas Wasser einen geschmeidigen Teig kneten. In eine Folie wickeln und 1 Stunde in den Kühlschrank stellen.

Die Schalotten pellen und fein würfeln. Den Staudensellerie waschen und in feine Streifen schneiden. Die Gartenmelde waschen, die Blätter abzupfen und fein hacken. Die Butter schmelzen und die Zwiebelwürfel und Selleriestreifen glasig dünsten. Die gehackte Gartenmelde zufügen und nur kurz mitdünsten. Mit Salz und Pfeffer würzen.

Beiseite stellen und abkühlen lassen. Den Teig auf einer bemehlten Arbeitsfläche ausrollen und in die ausgefettete Form legen. Den Teigboden mehrmals einstechen.

Den Schafskäse zerbröckeln und unter das Gemüse heben. Die Mischung auf den Teigboden verteilen und auf der unteren Schiene im vorgeheizten Backofen bei 180 Grad 40 Minuten backen.

Soufflé von Guter Heinrich

REZEPT FÜR 6–8 SOUFFLÉ-FÖRMCHEN

500 Gramm Guter Heinrich
100 Gramm Bärlauch
2 Schalotten
2 Eßlöffel Butter
1 Portion Béchamel (Rezept S. 169)
5 Eiweiß
Butter und Paniermehl für die Form

Das Gemüse putzen und waschen. Die Guter Heinrich-Blätter abzupfen, blanchieren, in ein Mulltuch geben und ausdrücken.

Die gut ausgedrückten Blätter fein hacken. Die Schalotten fein würfeln und in der Butter glasig dünsten. Guter Heinrich zufügen, mischen, kurz mitdünsten und zur Béchamelsauce geben. Den Bärlauch in feine Streifen schneiden, ebenfalls zufügen und vermischen. Das Eiweiß mit 1 Prise Salz steif schlagen und zum Schluß unter die Masse heben.

Die Soufflé-Förmchen gut mit Butter ausfetten und mit Paniermehl einstreuen. Die Masse bis etwa ½ Zentimeter unter dem Rand einfüllen und die Formen kurz auf die Arbeitsplatte stauchen, damit die Luftblasen entweichen können. Die Soufflés im vorgeheizten Ofen bei 180 Grad 20 Minuten backen.

→ **Gartenmelde-Wähe**

Mangold-Fisch-Auflauf

Rezept für 4 Personen

500 Gramm Kartoffeln

6 Eßlöffel Olivenöl

60 Gramm Pinienkerne

4 Knoblauchzehen, 1 Bund Frühlingszwiebeln

4 Schollenfilets, Saft von 1 Zitrone,

Salz, weißer Pfeffer

2 Tomaten, 1 Kilogramm Mangold

50 Gramm Rosinen, 1 Bund Petersilie

¼ Teelöffel Safranfäden, 100 Milliliter Wein

Die Kartoffeln schälen, in Scheiben schneiden und im erhitzten Öl goldgelb braten. Dann den Boden einer feuerfesten Form damit auslegen. Die Pinienkerne im verbliebenen Öl anrösten und herausnehmen.

Den Knoblauch durchpressen und die geputzten Frühlingszwiebeln in dünne Ringe schneiden. Beides in der Pfanne braten und herausnehmen.

Die Fischfilets mit dem Zitronensaft beträufeln und mit Salz und Pfeffer würzen. In der Pfanne braten und sie dann auf die Kartoffeln legen.

Die gewaschenen und geputzten Tomaten würfeln und in der Pfanne andünsten. Die dicken Blattstiele des Mangolds entfernen. Die Blätter in Salzwasser kurz blanchieren und hacken. Mangold, Tomaten und Frühlingszwiebeln mischen und auf den Fisch geben. Mit den Rosinen und Pinienkernen bestreuen und die gehackte Petersilie darüber verteilen. Safranfäden und Wein darübergießen. Bei 200 Grad etwa 30 Minuten überbacken.

Mangoldtorte ←

Mangoldtorte

Rezept für eine Springform

von 24 Zentimeter Durchmesser

1 Portion Blitzteig (Rezept S. 171)

Für die Füllung:

500 Gramm Mangold, 1 Zwiebel

2 Knoblauchzehen, 2 Eßlöffel Butter

200 Gramm Champignons, 200 Gramm Shiitake-Pilze

4 Eßlöffel gehackte Petersilie

500 Gramm Sahnequark, 2 Eier

100 Gramm geriebener Parmesan

Salz, frisch geriebene Muskatnuß

2 Eßlöffel Milch, 1 Eigelb

Zwei Drittel des Teiges ausrollen und in eine kalt ausgespülte Springform legen. Der Teig sollte dabei den Rand leicht überragen. Den Teigboden einstechen und mit Paniermehl bestreuen. Restlichen Teig zu einem Deckel ausrollen.

Den Mangold waschen, gut abtropfen lassen und die Stiele entfernen. Die Zwiebel und den Knoblauch fein hacken und in 1 Eßlöffel Butter glasig dünsten. Den Mangold mitdünsten, alles in einem Mulltuch ausdrücken und gut durchhacken.

Die Pilze putzen, schneiden und in der restlichen Butter dünsten. Die Petersilie hacken und zufügen.

Den Quark abtropfen lassen. Mit Eiern, Mangold, Pilzen und Parmesankäse mischen und würzen.

Die Masse auf den Teigboden geben, den Teigrand nach innen klappen und mit Wasser bestreichen. Den Teigdeckel darauflegen, andrücken und mit Teigresten verzieren. Milch und Eigelb verquirlen. Den Deckel damit bepinseln. Im vorgeheizten Backofen bei 200 Grad 45 Minuten backen.

Löwenzahn

Taraxacum officinale
Korbblütler

Schon in den mittelalterlichen Kräuterbüchern wird seine Heilkraft als Diuretikum gepriesen, weshalb ihn die Franzosen wohl „Pissenlit“ (frei übersetzt: Bettnässer) nennen. In Frankreich wurde Löwenzahn seit Anfang des 17. Jahrhunderts großflächig angebaut und ist dort bis heute ein besonders beliebtes Gemüse. Damals verwendete man nicht nur seine Blätter: Die Blütenknospen wurden in Essig eingelegt und wie Kapern verwendet. Die Wurzeln wurden getrocknet und anschließend gemahlen, um daraus Kaffee zu kochen, und aus seinen Blüten wurde sogar Wein gekeltert.

Für Kinder ist Löwenzahn besonders als Pusteblume interessant. Es ist so schön, die kleinen Fallschirmchen in den Wind zu blasen und zuzuschauen, wo er sie hinträgt. Ich lernte Löwenzahnsalat bei der belgischen Freundin meiner Großmutter kennen, die wir häufiger besuchten, weil wir auf dem Rückweg immer den guten belgischen Kaffee – im Nachkriegsdeutschland eine Seltenheit – im Gepäck hatten. Und auch wenn meine Großmutter darauf achtete, daß ich den Salatteller leerte – sie selbst aß den Löwenzahn aus Anstand natürlich auch auf –, hat sie ihn daheim für uns nie zubereitet, weder als Salat noch als Suppe oder als Gemüse. Vielleicht lag es am Pflanzensaft, der so unangenehme schwarze Flecken verursacht, oder ihr hat Löwenzahn einfach nicht geschmeckt, ich habe es nie herausgefunden.

Auch wenn Sie kultivierten Löwenzahn heute wieder häufiger auf unseren Märkten finden, mir schmeckt der selbstgesammelte, wilde besser, er ist viel aromatischer. Zwar wächst der Löwenzahn überall, aber sammeln Sie die Blätter wegen der Schadstoffbelastung nur abseits der Straßen. Zupfen Sie die ersten grünen Blättchen, bevor die Wiesen übersät sind mit gelben Löwenzahnblüten, denn vor der Blüte sind sie weniger bitter.

Wer ihn im eigenen Garten anbauen will, sät die Samen im März/April aus und kann schon im Mai/Juni die ersten Blätter ernten.

Sorten: Löwenzahn, Verbesserter Vollherziger, Sperlings Lyonel, Großblättriger Löwenzahn, Krausblättriger Löwenzahn, Kultivierter Vollherziger, Mausers Treib.

→ Der unkomplizierte Löwenzahn wächst zwar überall, wie gut seine jungen Blättchen schmecken wissen nur wenige

Löwenzahn-Salat

Rezept für 4 Personen

350 Gramm Löwenzahnblätter

100 Gramm Frühstücksspeck

5 Eßlöffel Sonnenblumenöl

2 Scheiben Toastbrot

1 hartgekochtes Ei

1 Eßlöffel Weinessig

Salz, Pfeffer aus der Mühle

Die Löwenzahnblätter waschen und gut abtropfen lassen. Die Blätter auf einer Platte arrangieren.

Den Frühstücksspeck in dünne Streifen schneiden und in einem Eßlöffel Öl braten. Die Toastbrotscheiben entrinden. Das Brot würfeln und mit den Speckwürfeln rösten.

Das Ei in feine Würfel schneiden und beiseite stellen. Den Essig mit den restlichen 4 Eßlöffeln Öl verquirlen und mit Salz und Pfeffer würzen. Diese Vinaigrette über die Löwenzahnblätter träufeln. Dann den Speck und die Brotwürfel mit dem Fett darübergeben und zum Schluß mit dem gewürfelten Ei bestreuen.

Löwenzahn-Quark

Rezept für 4 Personen

1 Bund Löwenzahn

½ Bund Estragon

250 Gramm Quark

1 Prise Salz

Die Löwenzahnblätter waschen und trockentupfen. Das Blattgrün von den Blattrippen abschneiden und hacken. Estragon waschen, ebenfalls hacken und mit dem Löwenzahn unter den Quark mischen. Mit Salz abschmecken und mit frischem Brot oder zu Pellkartoffeln servieren.

→ **Löwenzahn-Salat**

Vollkornspaghetti mit Löwenzahn

REZEPT FÜR 4 PERSONEN

1 Bund wilder Löwenzahn

30 Gramm Pinienkerne

500 Gramm Vollkornspaghetti

Salz

4 Eßlöffel Butter

geriebener Parmesan

Den Löwenzahn waschen, trockentupfen und hacken. Die Pinienkerne in einer beschichteten Pfanne ohne Fett rösten.

Die Spaghetti in 4 Liter Salzwasser 10 Minuten kochen, abgießen und sofort mit der Butter vermischen.

Den gehackten Löwenzahn und die Pinienkerne unterheben und mit dem Parmesan bestreuen.

Löwenzahnsuppe

REZEPT FÜR 4 PERSONEN

500 Gramm Löwenzahn

70 Gramm geräucherter Speck

2 Eßlöffel Öl

2 Eßlöffel Weißweinessig

1 Liter Geflügelfond (Rezept S. 166)

100 Gramm Reis

2 Eier

2 Eßlöffel geriebener Parmesan

Salz, weißer Pfeffer aus der Mühle

Den Löwenzahn verlesen, waschen und grob hacken. In Salzwasser 5 Minuten blanchieren. Abgießen und gut abtropfen lassen.

Den Speck in Würfel schneiden und im erhitzten Öl auslassen. Sobald die Speckwürfel braun sind, den Essig zugießen und verdampfen lassen. Dann nach und nach den Geflügelfond zugießen und aufkochen lassen.

Den Reis abspülen und in der Suppe garen. Nach zehn Minuten den Löwenzahn zufügen. Die Eier mit dem Parmesan verquirlen und in die fertige Suppe einrühren. Sofort servieren.

Vollkornspaghetti mit Löwenzahn ←

Portulak

Portulaca oleracea ssp. sativa

Portulakgewächse

Wenn meine Großmutter mit mir ins benachbarte Belgien zu ihrer Freundin reiste, gab es bei Madame häufig Portulaksuppe. „Pourpier läßt dein 'erz käftig schlagen und ist gut für die Augen", sagte sie mit melodisch-französischem Akzent und stellte die Terrine mit einer pürierten Kartoffelsuppe, auf die eine große Menge gehackter Portulak gestreut war, auf den Tisch. Er schmeckte so ganz anders als die Blattgemüse, die ich kannte, etwas nussig, säuerlich und auch salzig. Deshalb muß man Gerichte, in denen er verwendet wird, auch nicht oder nur ganz wenig salzen.

Ursprünglich stammt Portulak aus Nordafrika und Kleinasien, auch in Griechenland kannte man ihn schon im Altertum. Er galt zwar als Heilmittel gegen Nierenleiden, aber er wurde hauptsächlich als Gemüsepflanze angebaut. Auch bei uns wurde Portulak schon im Mittelalter kultiviert, geriet dann aber wieder in Vergessenheit. Heute findet man ihn manchmal in verwilderten Gärten, in der Nähe von schützenden Mauern oder in sonnigen Weinbergen. Sein Bruder, der **Winterportulak** oder Kuba-Spinat *(Montia perfoliata)*, hat kreisrunde Blätter aus deren Mitte kleine Knospen sprießen. Er stammt aus Amerika, wird aber schon seit vielen Jahren bei uns unter Glas kultiviert, allerdings nur vereinzelt und ist daher nur Kennern ein Begriff.

Portulak enthält besonders viel Magnesium (fürs Herz) und Provitamin A (für gutes Sehen). Angebaut wird er vor allem in Frankreich, Belgien und Holland, zum Teil in Gewächshäusern, weil er es recht warm mag. Wer ihn selber anbauen will, sollte in klimatisch milderen Zonen leben. Portulak wird Mitte April ausgesät, er gedeiht am besten auf humosen, feucht-warmen, sandigen Böden. Die Blätter können von August bis Oktober geerntet werden.

Sorten: Grüner Portulak, Gelber breitblättriger Portulak, Goldgelber Portulak.

→ Zwar hat der Portulak einen sehr eigenwilligen Geschmack, aber er ist ein besonders gesundes Gemüse

Buttermilchsuppe mit Winterportulak und Räucheraal

REZEPT FÜR 4 PERSONEN

500 Gramm Winterportulak

2 Eßlöffel Butter

500 Milliliter Buttermilch

1 mittelgroßer, küchenfertiger Räucheraal

1 Stück Schale einer unbehandelten Zitrone

frischer Thymian

2 Eigelb, 4 Eßlöffel Sahne

Salz, Pfeffer aus der Mühle

Zitronenscheiben

Den Portulak verlesen, waschen, gut abtropfen lassen und kleinschneiden. 1 Eßlöffel Butter erhitzen und den Portulak darin andünsten. Mit der Buttermilch aufgießen und 10 Minuten köcheln lassen.

Den Aal in Streifen schneiden und in der restlichen Butter anbraten, Zitronenschale und einige abgezupfte Thymianblättchen zufügen. Beiseite stellen.

Eigelb und die Sahne verrühren und unter die Suppe ziehen, nicht mehr kochen. Mit Salz und Pfeffer abschmecken und den Aal zufügen. Die Suppe auf vier Teller verteilen und mit je einer Zitronscheibe garnieren.

Portulak-Kartoffel-Salat

REZEPT FÜR 4 PERSONEN

600 Gramm kleine Kartoffeln

250 Milliliter Gemüsefond (Rezept S. 166)

2 Eßlöffel Pinienkerne

1 Bund Portulak

2 hartgekochte Eier

4 Eßlöffel Olivenöl

1 Teelöffel Dijonsenf

schwarzer Pfeffer aus der Mühle

Die Kartoffeln mit der Schale kochen, abschrecken, pellen und in Scheiben schneiden. Den Gemüsefond aufkochen, über die Kartoffeln gießen und sie darin 30 Minuten marinieren.

Die Pinienkerne ohne Fett rösten. Die Portulakblätter abzupfen, waschen und trockentupfen.

Die Eier pellen, das Eigelb herauslösen und mit dem Olivenöl, dem Senf und 3 Eßlöffel des Gemüsefonds zu einer Salatsauce pürieren. Kräftig mit Pfeffer würzen.

Das Eiweiß fein würfeln. Die Kartoffeln mit dem Portulak mischen und mit der Salatsauce begießen. Die Eiweißwürfel und die Pinienkerne darüberstreuen.

→ **Buttermilchsuppe mit Winterportulak und Räucheraal**

Erbsensuppe mit Portulak

Diese sommerliche Erbsensuppe bekommt nur durch den Portulak ihre besondere Raffinesse.

REZEPT FÜR 4 PERSONEN

80 Gramm Portulak

30 Gramm Sauerampfer

10 Gramm Kerbelblätter

40 Gramm gehackte Zwiebel

80 Gramm Butter

300 Gramm junge, frisch gepalte Erbsen

Salz, weißer Pfeffer

Den Portulak, Sauerampfer und die Kerbelblätter waschen, trockentupfen und fein hacken. Die Blattgemüse, den Kerbel und die gehackte Zwiebel in 40 Gramm Butter etwa 30 Minuten weichdünsten, nicht bräunen. Wenn die Konsistenz musig ist, 1½ Liter Wasser zugießen und aufkochen. Die Erbsen zufügen und die Suppe nochmals etwa 45 Minuten köcheln lassen. Vom Herd nehmen und die restliche Butter unterrühren. Mit wenig Salz und Pfeffer abschmecken.

Portulak-Gnocchi ←

Portulak-Gnocchi

REZEPT FÜR 4 PERSONEN

500 Gramm Portulak

150 Gramm Ricotta

50 Gramm geriebener Gouda

1 Ei

1 Eigelb

Salz, Pfeffer aus der Mühle

frisch geriebene Muskatnuß

120 Gramm Mehl

3 Eßlöffel Butter

frisch geriebener Grana padano oder Parmesan

Den Portulak verlesen, waschen, trockentupfen und fein hacken. Ricotta, Gouda, Ei, Eigelb, Salz, Pfeffer und Muskatnuß mit dem Portulak vermischen. Nach und nach soviel Mehl untermischen, daß ein geschmeidiger Teig entsteht. Mit einem Teelöffel kleine Gnocchi abstechen und sie portionsweise in siedendem Salzwasser garen. Sobald sie an die Oberfläche steigen, mit der Schaumkelle herausnehmen.

Eine feuerfeste Form mit der Butter ausfetten. Die Gnocchi hineingeben und rütteln, damit sie rundherum gebuttert werden. Mit reichlich frisch geriebenem Grana padano bestreuen und im vorgeheizten Backofen bei 220 Grad 8 Minuten überbacken.

Sie können auch eine Béchamelsauce (Rezept S. 169) zubereiten und über die gegarten Gnocchi gießen, dann mit Käse bestreut 10 Minuten bei 220 Grad überbacken.

Sauerampfer

Rumex acetosa

Knöterichgewächse

Auf der sonnenwarmen Wiese liegen, Bienen summen hören und sich vom Gras kitzeln lassen, die ersten Frühlingsblumensträuße pflücken und sich auf den Sommer freuen. Zu dieser Kindheitserinnerung gehört für mich der Sauerampfer, auf dessen abgezupften Blättern wir beim Spielen auf der Wiese zwischendurch herumkauten. Mai und Juni waren die Monate, in denen bei uns die ersten Wildgemüse auf den Tisch kamen. Und noch heute kann ich es kaum erwarten, bis ich die ersten frischen Frühlingskräuter und -gemüse servieren kann. Sei es als Grüne Sauce zu den ersten Kartoffeln, als Suppe oder als Beilage.

Auch wenn keine große Ähnlichkeit vorhanden ist, kommen Sauerampfer und Rhabarber aus einer Familie, zu der übrigens auch noch der Buchweizen gehört. In Deutschland wächst der Sauerampfer hauptsächlich wild auf Wiesen und Grasplätzen. Und wer auf dem Land groß geworden ist, kennt seinen aromatisch-säuerlichen Geschmack, weil er Sauerampfer selbst schon frisch gegessen hat. In Frankreich, Belgien und auch in England wächst er so selbstverständlich in den Küchengärten wie bei uns die Petersilie. Sauerampfer hat sehr viel Vitamin C und wurde früher als Heilmittel gegen Fieber und Nierenbeschwerden gegeben. Außerdem ist er ein vorzügliches Reinigungsmittel für Messing, Kupfer und Bronze.

Sie können Sauerampfer von Anfang Juli bis Ende August sammeln oder den importierten Sauerampfer auf dem Markt kaufen.

Wer ihn im eigenen Garten anbauen will, muß für leichtes, tiefgründiges, gut gedüngtes Erdreich sorgen. Säen Sie ihn Anfang März in einer Tiefe von etwa 10 Zentimeter und im Abstand von 20 Zentimetern ein. Die Pflanzen können acht bis zehn Jahre stehen.

Brechen Sie die Samenstengel ab, dann können Sie mehr Blätter ernten, wobei Sie die Herzblättchen möglichst schonen sollten.

Sorten: Großblättriger Sauerampfer, Riesen von Belleville, Goldgelber von Lyon.

→ Während der Sauerampfer bei uns vor allem wild wächst, ist er in England und Frankreich in jedem Gemüsegarten zu finden

Kaninchen in Sauerampfersauce

Rezept für 4 Personen

1 küchenfertiges Kaninchen

4 Schalotten

1 Knoblauchzehe

2 Eßlöffel Mehl

Salz

weißer Pfeffer

4 Eßlöffel Olivenöl

2 Eßlöffel Butter

100 Milliliter trockener Weißwein

100 Milliliter Geflügelfond (Rezept S. 166)

200 Gramm Sauerampferblätter

250 Gramm Schlagsahne

½ Bund Petersilie

Das Kaninchen mit einem scharfen Messer in sechs bis acht Portionsstücke zerteilen. Die Schalotten pellen und vierteln. Den Knoblauch pellen und fein würfeln.

Das Mehl mit Salz und Pfeffer vermischen und die Kaninchenteile von allen Seiten damit bestäuben. Öl und Butter in einer Kasserrolle erhitzen und das Fleisch von allen Seiten braun anbraten. Schalotten und Knoblauch dazugeben. Mit dem Wein ablöschen und den Geflügelfond dazugießen. Einen Deckel auflegen und etwa 1 Stunde schmoren lassen. Eventuell etwas Fond nachgießen.

Die Sauerampferblätter waschen, hacken und auf die Kaninchenteile streuen. Die Sahne darübergießen und im vorgeheizten Backofen bei 200 Grad etwa 15 Minuten überbacken. Vor dem Servieren mit gehackter Petersilie bestreuen. Mit Salzkartoffeln servieren.

Sauerampfer-Omelette

Rezept für 4 Personen

2–3 Handvoll junge Sauerampferblätter

8 Eier

Salz und Pfeffer

1 Knoblauchzehe

½ Bund Schnittlauch

4 Teelöffel Butter

Den Sauerampfer verlesen, waschen, trockentupfen und die Blätter fein hacken. Die Eier mit einem Schneebesen schaumig rühren und mit Salz und Pfeffer würzen. Die Knoblauchzehe fein würfeln und den Schnittlauch hacken. Mit dem Sauerampfer unter die Eiermasse heben. Für jedes Omelette 1 Teelöffel Butter in der Pfanne schmelzen und ein Viertel der Eiermasse hineingeben. Eventuell einen Deckel auflegen. Nicht wenden! Die Omelettes aus der Pfanne auf die Teller gleiten lassen und sofort servieren.

→ **Kaninchen in Sauerampfersauce**

Sauerampfersuppe

Rezept für 4 Personen

100 Gramm Sauerampfer

1 kleiner Kopfsalat

1 Bund Petersilie

3 Eßlöffel Butter

500 Milliliter Geflügelfond (Rezept S. 166)

1 gekochte mehlige Kartoffel

4 Eßlöffel Schlagsahne

Salz, Pfeffer aus der Mühle

Den Sauerampfer verlesen, waschen und gut abtropfen lassen. Einige Blättchen beiseite legen.

Vom Kopfsalat nur die inneren Blätter verwenden, waschen und trockentupfen. Petersilie waschen, trockentupfen und die Blätter abzupfen.

Alles gut hacken und in der erhitzten Butter andünsten. Mit dem Geflügelfond aufgießen und 10 Minuten köcheln.

Die Kartoffel in Würfel schneiden und in den Topf geben. Nochmals 5 Minuten köcheln, dann die Suppe mit dem Stabmixer pürieren, die Sahne unterziehen und mit Salz und Pfeffer abschmecken. Die beiseite gelegten Blättchen hacken und damit die Suppe bestreuen.

Saibling in Sauerampfercrème

Rezept für 4 Personen

8 küchenfertige Saiblingfilets

Salz, weißer Pfeffer aus der Mühle

4 Schalotten

24 junge Sauerampferblätter

40 Gramm Butter

250 Milliliter Weißwein

6 Eßlöffel Schlagsahne

Die Saiblinge waschen, trockentupfen und mit Salz und Pfeffer bestreuen.

Die Schalotten pellen und fein würfeln. Die Sauerampferblätter waschen, trockentupfen und in Streifen schneiden.

Die Butter in einem weiten, flachen Topf erhitzen, die Schalottenwürfel und den Sauerampfer kurz andünsten und die Fischfilets darauflegen. Mit dem Wein begießen und zugedeckt etwa 8 Minuten dünsten. Fischfilets vorsichtig herausnehmen und warmstellen.

Die Sauce in einen Mixer geben, pürieren und nach und nach die Sahne zufügen. Die Sauerampfercrème in einen Topf umgießen, kurz erhitzen und mit Salz und Pfeffer abschmecken. Mit den Saiblingfilets servieren.

Saibling in Sauerampfercrème ←

Der Kohl

„Wer Kohl sät und ein Schwein mästet, kommt über den Winter“ hieß es früher, als Kohl noch das am meisten gegessene Gemüse war. Er wächst bis in den späten Herbst hinein, läßt sich hervorragend lagern und kann gesalzen oder gesäuert auch gut konserviert werden. Die meisten Kohlsorten sind sehr alt, sie wurden schon vor Christi Geburt von den Kelten angebaut.

Meerkohl

Crambe maritima

Kreuzblütler

Als Kind verbrachte ich einige Wochen in einem Kinderheim an der Nordsee. Auf den Spaziergängen mit Schwester Dorothea lernten wir eine Menge über die Dünenpflanzen. Und wir halfen ihr dabei, Meerkohlblätter zu pflücken, aus denen dann am nächsten Tag eine kräftige Suppe gekocht wurde.

Der große, silbergrüne Kohl, der seine großen Blätter in majestätischer Haltung der Sonne entgegenstreckt, hat von allen Gemüsepflanzen am ehesten seine Ursprünglichkeit behalten.

Er wächst an den sandigen Küsten der Nordsee, des Atlantiks und des Mittelmeeres. Von ihm haben sich schon sehr früh die Bewohner dieser Landstriche ernährt.

Der Römer Plinius erwähnt in seinen Schriften, daß Meerkohl in Fässern konserviert auf Schiffsreisen als Proviant für die Besatzung mitgenommen wurde, weil er als besonders nahrhaft und gesund galt und vor Trunkenheit schützen sollte.

Später führte der berühmte Entdecker Kapitän Cook gesäuerten Meerkohl auf seinen Reisen mit. So blieb seine Mannschaft von Skorbut verschont.

In den Gärten Ludwigs XIV. wurde er kultiviert und im England des 18. und 19. Jahrhunderts wegen seiner großen Beliebtheit sogar kommerziell angebaut. Auch heute noch, allerdings nur in sehr geringen Mengen.

Heute gehört der Meerkohl bei uns zu den geschützten Pflanzen, falls er doch von Dezember bis April in Form von Sprossen hier und da auf den Markt kommt, handelt es sich hauptsächlich um Importe.

Wenn Sie ihn mögen, versuchen Sie doch, ihn selbst anzubauen. Die Samen bekommen Sie im Versandhandel. Sie brauchen jedoch Geduld, denn die Sprossen lassen sich erst im zweiten Jahr ernten.

Naturgemäß wächst er am liebsten auf sandigen Böden. Das erste Jahr müssen Sie ihn wachsen lassen. Im folgenden Jahr düngen Sie die schießenden Triebe und stellen einen Tontopf umgekehrt auf die Pflanze. Innerhalb weniger Wochen sind die Meerkohlsprossen groß genug, um geschnitten zu werden.

→ **Der Meerkohl wächst an allen Küsten Europas und wird heute nur in England kultiviert**

Meerkohl-Tortilla

REZEPT FÜR 4 PERSONEN

500 Gramm Kartoffeln

350 Gramm Meerkohl

6 Frühlingszwiebeln

4 Eier

75 Milliliter Milch

50 Gramm Mehl

Salz, Pfeffer aus der Mühle

4 Eßlöffel Butter

Die Kartoffeln schälen und kochen. Den Meerkohl waschen, in Streifen schneiden und in Salzwasser etwa 8 Minuten kochen. Gut abtropfen lassen. Die Frühlingszwiebeln in feine Ringe schneiden und mit dem Meerkohl vermischen.

Die Kartoffeln in dünne Scheiben schneiden. Die Eier, die Milch und das Mehl verquirlen und mit Salz und Pfeffer würzen.

Portionsweise 1 Eßlöffel Butter in der Pfanne schmelzen, erst ein Viertel der Kartoffelscheiben hineingeben, dann ¼ des Gemüses darauf verteilen und ¼ des Tortillateiges darübergießen. Zudecken und etwa 5 Minuten bei geringer Hitze braten, nicht wenden. Die Tortillas jeweils auf einen Teller gleiten lassen. Man kann sie auch als Beilage zu gebratenem Fleisch servieren.

Meerkohlsprossen-Gemüse

REZEPT FÜR 4 PERSONEN

500 Gramm gebleichter Meerkohl

4 Eßlöffel Butter

2 Eßlöffel Mehl

125 Milliliter Geflügelfond (Rezept S. 166)

1 Eßlöffel Zitronensaft

1 Prise frisch geriebene Muskatnuß

100 Gramm Schlagsahne

Salz, Pfeffer aus der Mühle

1 Bund Schnittlauch

Die Meerkohlsprossen waschen, putzen und in mundgerechte Stücke schneiden. Butter schmelzen und das Gemüse andünsten. Das Mehl darüberstreuen und unter Rühren etwas anschwitzen. Nach etwa 2 Minuten den Geflügelfond zugießen und etwa 15 Minuten köcheln lassen. Den Zitronensaft und die geriebene Muskatnuß zufügen und 5 Minuten weiterköcheln. Die Sahne zugießen, nochmals aufkochen und mit Salz und Pfeffer abschmecken. Zum Schluß den gehackten Schnittlauch unterheben. Zu gekochtem oder gebratenem Fleisch servieren.

→ **Meerkohl-Tortilla**

Schnittkohl

Brassica napus var. pabularia
Kreuzblütler

Wie Stielmus und Kohlrübe ist der Schnittkohl ein naher Verwandter des Raps und gehört zu den Ölpflanzen. Zur Ölgewinnung dient allerdings nur der Samen dieser Pflanzen, und das lohnt sich nur beim Raps.

Schnittkohl wird heute sehr wenig und nur noch in Norddeutschland angebaut, zum Beispiel in der Gegend von Bremen, dort hat das Gericht „Bremer Scherkohl" Tradition. Er bildet keinen Kopf und seine Blätter variieren von grün, gelb bis violett.

Nur die zarten jungen Blätter werden mit einer Schere abgeschnitten – daher auch der norddeutsche Name –, und weil er dem Wirsing im Geschmack sehr ähnlich ist, bereitet man ihn auch wie diesen zu. In manchen Gebieten Norddeutschlands wird er traditionell, ähnlich wie Sauerkraut, eingesäuert oder in Salz konserviert.

Im vergangenen Jahrhundert war Schnittkohl eine besonders beliebte Gemüsesorte. In Garten- und Gemüsebüchern jener Zeit werden schon mehrere Sorten des Schnittkohls erwähnt, wovon der „rothe Winterkohlreps" und der „krause Schnittreps" die am häufigsten angebauten Sorten waren. Heute gibt es sie allerdings nicht mehr.

Für den Hobbygärtner ist der Anbau von Schnittkohl eine lohnende Angelegenheit, denn er besitzt eine gute Frosthärte und kann daher praktisch ganzjährig geerntet werden. Sie können ihn von März bis September aussäen und etwa 12 Wochen später die ersten Blätter „scheren".

Sorten: Grüner Frühlingskohl, Bremer Scherkohl, Blauer Schnittkohl.

→ **Als norddeutsches Kohlgemüse hatte der Schnittkohl bis Anfang des 20. Jahrhunderts Tradition**

Gratinierte Schnittkohlcrêpes

REZEPT FÜR 4 PERSONEN

Für die Crêpes:

200 Gramm Buchweizen, 3 Eier

250 Milliliter Milch mit 250 Milliliter Wasser verdünnt

2 Eßlöffel Milch, 2 Eßlöffel Sonnenblumenöl

½ Teelöffel Salz, Bratfett

Für die Füllung:

750 Gramm Schnittkohl

100 Gramm Frühstücksspeck

1 Zwiebel, 1 Eßlöffel Butter

500 Gramm Quark, 3 Eier

4 Eßlöffel geraffelter Gouda

Salz, schwarzer Pfeffer aus der Mühle

frisch geriebene Muskatnuß

Außerdem:

200 Gramm Schlagsahne

4 Eßlöffel frisch geriebener Parmesan

Fett für die Form, Butterflöckchen

Das Buchweizenmehl mit den Eiern, der Milch, dem Öl und dem Salz vermischen und zugedeckt bei Zimmertemperatur 30 Minuten ruhen lassen.

Inzwischen den Schnittkohl waschen und in wenig Wasser blanchieren. Dann in ein Mulltuch geben und gut auspressen. Die Blätter hacken.

Den Frühstücksspeck und die Zwiebel fein würfeln und in der Butter glasig dünsten. Schnittkohl mit Speck und Zwiebeln mischen und nach und nach den gut abgetropften Quark, den Käse und die Eier unterheben. Mit Salz, Pfeffer und Muskat würzen.

Das Bratfett in einer Pfanne erhitzen und nacheinander aus dem Buchweizenteig etwa 12 Crêpes ausbacken. Etwas abkühlen lassen und mit der Schnittkohl-Quark-Mischung bestreichen. Die Crêpes aufrollen und in 4 Zentimeter lange Stücke schneiden.

Die Sahne mit dem Käse verrühren und die Hälfte in eine ausgefettete Form gießen. Die gefüllten Crêpes in die Form setzen, die restliche Sahne darübergießen, Butterflöckchen daraufsetzen und im vorgeheizten Ofen bei 220 Grad etwa 12 Minuten überbacken.

Schnittkohlsuppe

REZEPT FÜR 4 PERSONEN

750 g Schnittkohl, 1 Zwiebel

4 Eßlöffel Butter, 2 Eßlöffel Mehl

1 Liter Gemüsefond (Rezept S. 166)

2 gekochte Kartoffeln

150 Gramm Schlagsahne

Salz, Pfeffer aus der Mühle, geriebene Muskatnuß

Den Schnittkohl waschen, putzen und gut abtropfen lassen. Die Zwiebel pellen und in kleine Würfel schneiden. 2 Eßlöffel Butter schmelzen, die Zwiebeln darin glasig dünsten und mit 2 Eßlöffeln Mehl bestäuben. Unter Rühren etwas schwitzen lassen und den Kohl zufügen. Dann mit dem Gemüsefond aufgießen und alles etwa 15 Minuten kochen lassen.

Die Kartoffeln in kleine Würfel schneiden. Die restliche Butter in einer Pfanne erhitzen und die Kartoffelwürfel darin bräunen.

Die Suppe anschließend mit dem Pürierstab pürieren und die Sahne zugießen. Mit Salz, Pfeffer und Muskat abschmecken. Auf vier Teller verteilen und die gebratenen Kartoffelwürfel in die Suppe geben.

→ **Gratinierte Schnittkohlcrêpes**

Cannelloni mit Schnittkohlfüllung

Rezept für 4 Personen

200 Gramm Schnittkohl

200 Gramm gekochter Schinken, 2 Eier

75 Gramm frisch geriebener Parmesan

Salz, weißer Pfeffer aus der Mühle

1 Portion Nudelteig (Rezept S. 170)

oder 12 fertige Cannelloni

1 Eßlöffel Öl

1 Portion Béchamelsauce (Rezept S. 169)

Den Schnittkohl waschen, abtropfen lassen und etwa 5 Minuten blanchieren. In einem Mulltuch ausdrücken und hacken.

Den Schinken fein würfeln und mit den Eiern und 50 Gramm Parmesan zum Schnittkohl geben und gut mischen. Mit Salz und Pfeffer würzen.

Den Nudelteig auf einer bemehlten Arbeitsfläche dünn ausrollen und 12 Quadrate von 10 x 10 Zentimeter auschneiden.

Die Füllung auf die Nudelblätter verteilen und aufrollen oder in die vorgekochten Cannelloni füllen. Nebeneinander in eine gefettete, feuerfeste Form legen und die Béchamelsauce darübergießen. Mit dem restlichen Parmesan bestreuen und im vorgeheizten Ofen bei 220 Grad etwa 15 Minuten überbacken.

Lammtopf mit Schnittkohl

Rezept für 4 Personen

4 Schalotten

350 Gramm gewürfeltes Lammfleisch

4 Eßlöffel Olivenöl

1 Zweig Thymian

1 Knoblauchzehe

1 Glas trockener weißer Vermouth

250 Milliliter Fleischfond (Rezept S. 167)

250 Gramm Schnittkohl

1 Fleischtomate

4 Eßlöffel Schlagsahne

Die Schalotten pellen und achteln. Die Lammfleischwürfel im heißen Olivenöl anbraten. Die Schalottenachtel, den Thymian und die durchgedrückte Knoblauchzehe zufügen und mitbraten. Mit dem Vermouth und dem Weißwein ablöschen und kurz verdampfen lassen. Den Fleischfond zugießen und 25 Minuten schmoren.

Den Schnittkohl waschen, gut trockentupfen und in Streifen schneiden.

Die Fleischtomate kreuzweise einritzen und mit kochendem Wasser überbrühen, pellen und grob würfeln. Beides zum Lamm geben. Die Sahne zufügen und den Topf für 10 Minuten unter den Backofengrill schieben.

→ **Cannelloni mit Schnittkohlfüllung**

Spitzkohl

Brassica oleracea convar. capitata var. capitata f. alba

Kreuzblütler

Spitzkohl, Wirsing, Weißkohl, Rotkohl, Rosenkohl sind Kohlarten, die jeder kennt und mehr oder minder mag, von Spitzkohl aber haben die wenigsten gehört. Ich habe ihn erst vor einigen Jahren kennen und schätzen gelernt. Man muß Spitzkohl nicht lange kochen, damit er verdaulich wird, sondern kann ihn sogar als Rohkost und Salat oder wie kurz gedämpftes Blattgemüse zubereiten. Spitzkohl mit seiner eleganten, spitz zulaufenden Form hat eine feinere Blattstruktur als sein rustikaler Bruder, der Weißkohl, und einen eher zarten Kohlgeschmack.

Noch im letzten Jahrhundert gab es viele verschiedene Spitzkohlsorten wie „Yorker Kraut", „Spitzkapus", „Großes und Kleines Zuckerhutkraut" und natürlich „Filderkohl". Letzterer ist der einzige, der auch heute noch angebaut wird. Filderkohl wird erst im Sommer geerntet und vorwiegend für die Sauerkrautherstellung verwendet.

Spitzkohl ist die früheste aller Kohlsorten, er kommt schon im April auf den Markt. Das bedeutet, er muß sehr früh ausgesät werden. Und das gelingt nur unter klimatisch günstigen Verhältnissen in Gegenden wie beispielsweise auf den Fildern südöstlich von Stuttgart.

Wer ihn selber anbauen will, sollte ihn unter Glas aussäen und die Pflänzchen erst im März in einem Abstand von 40 x 60 Zentimeter ins Freie umsetzen. Der Spitzkohl liebt gut gedüngte, feste Böden und offene, sonnige Lagen. Wenn die Pflanze eingewurzelt ist, kann die Erde gelockert werden. Bei regelmäßiger Düngung und guter Bewässerung können etwa zehn Wochen später die ersten Kohlköpfe geerntet werden.

Sorten: Cape Horn, Erstling, Hispi, Hornspi, Prospera.

→ Der Spitzkohl heißt auch Filderkohl und wird heute noch in der Gegend von Stuttgart „auf den Fildern" angebaut

Gefüllter Spitzkohl

Rezept für 4 Personen

1 Spitzkohl

1 Zwiebel

1 Knoblauchzehe

3 Möhren

2 Eßlöffel Butter

2 Eßlöffel Sonnenblumenöl

1 Bund Petersilie

500 Gramm gehacktes Schweinefleisch

1 Ei, 3 Eßlöffel Paniermehl

Salz, Pfeffer aus der Mühle

Sonnenblumenöl zum Einfetten

Den Spitzkohl waschen, längs halbieren und in reichlich kochendem Wasser etwa 6 Minuten blanchieren, gut abtropfen lassen. Die inneren Blätter herausnehmen und in feine Streifen schneiden. Die Zwiebel pellen und fein würfeln, die Knoblauchzehen durchpressen und die Möhren schälen und raspeln.

Die Butter mit dem Öl erhitzen, die Zwiebelwürfel, den kleingeschnittenen Kohl, den durchgepreßten Knoblauch und die Möhrenraspel hineingeben und etwa 5 Minuten dünsten. Die Petersilie hacken und unterheben.

Das Hackfleisch mit dem verquirlten Ei und das Paniermehl mischen und das Gemüse unterziehen. Mit Salz und Pfeffer würzen. Die Mischung in die beiden Kohlhälften füllen. Eine große feuerfeste Form mit Öl einpinseln und die Kohlhälften gegeneinander hineinsetzen. Bei 180 Grad 35 Minuten backen.

Spitzkohl-Eintopf

Rezept für 4 Personen

1 Spitzkohl

1 Zwiebel

2 Möhren

1 Eßlöffel Schmalz

500 Gramm gewürfelte Schweineschulter

500 Milliliter Fleischfond (Rezept S. 167)

4 Wachholderbeeren

1 Lorbeerblatt

Salz, Pfeffer aus der Mühle

1 Bund glatte Petersilie

250 Gramm saure Sahne

Den Spitzkohl waschen, vierteln und in Streifen schneiden, den Strunk wegwerfen. Die Zwiebel pellen und würfeln, die Möhren waschen, schälen und in Scheiben schneiden.

Das Schmalz in einem großen Topf erhitzen und die Zwiebel darin andünsten. Die Fleischwürfel dazugeben und rundherum schmoren. Dann den Spitzkohl dazugeben und etwa 5 Minuten mitschmoren. Die Möhrenscheiben, Wachholderbeeren und das Lorbeerblatt untermischen und den Fleischfond zugießen. Zugedeckt etwa 45 Minuten kochen.

Den Eintopf mit Salz und Pfeffer abschmekken. Vor dem Servieren mit gehackter Petersilie bestreuen und die saure Sahne separat dazu reichen.

→ **Spitzkohl-Eintopf**

Stielmus

Brassica rapa var. rapa

Kreuzblütler

Was dem Bremer sein Scherkohl, ist dem Rheinländer sein Stielmus. Er hat ihm verschiedene Namen gegeben, z. B. Rübstiel, Stengelmus, Streifmus, aber wie auch immer, er gerät ins Schwärmen, wenn er von diesem Gemüse spricht. Botanisch gesehen gehört Stielmus zu den Rüben, denn es ist nichts anderes als die Blätter der Speiserübe. Lange Zeit war Stielmus fast völlig verschwunden, tauchte höchstens vereinzelt in privaten Gärten auf, aber seit einigen Jahren erlebt es ein kulinarisches Comeback.

Stielmus kann sowohl roh, in Streifen geschnitten als Salat, als auch ähnlich wie Spinat oder Chinakohl gedämpft oder gekocht werden. Gern wird es auch zusammen mit anderen Gartengemüsen zu herzhaften Eintöpfen zubereitet.

Mit der Aussaat können Sie Anfang März beginnen und im Abstand von zwei Monaten bis in den September hinein fortfahren. Wenn Sie einen 30 x 25 Zentimeter großen Raum um die Pflanzen lassen, entwickeln sie sich zur Größe einer Endivie. Der Boden sollte immer locker sein und ausreichend bewässert werden. Schon nach etwa 6–8 Wochen können Sie das erste Stielmus ernten.

Sorten: Namenia, Hymenia, Mairübstiel, Herbststielmus, Geslu, Narovit.

→ **Auch heute noch geraten alte Rheinländer ins Schwärmen, wenn sie von Stielmus sprechen**

Stielmusgemüse

Rezept für 4 Personen

1 Kilogramm Stielmus, 500 Gramm Kartoffeln

500 Milliliter Fleischfond (Rezept S. 167)

Salz, Muskatnuß, 60 Gramm Butter

Das Stielmus gründlich waschen, gut abtropfen lassen und in Streifen schneiden. Die Kartoffeln schälen und grob würfeln. Stielmus und Kartoffeln im erhitzten Fleischfond etwa 20 Minuten kochen. Mit Salz und frisch geriebener Muskatnuß abschmekken und mit einem Kartoffelstampfer durchstampfen. Zum Schluß die Butter unterrühren. Dazu serviert man im Ruhrpott Frikadellen oder Bratwurst.

Speckkuchen mit Stielmus

Rezept für 4 Personen

500 Gramm Stielmus, 1 Zwiebel

30 Gramm Butter

250 Milliliter Gemüsefond (Rezept S. 166)

Salz, Pfeffer aus der Mühle

250 Milliliter helles Bier, 6 Eier, 250 Gramm Mehl

12 dünne Scheiben Frühstücksspeck

Das Stielmus waschen, gut abtropfen lassen und in Streifen schneiden. Die Zwiebel pellen, fein würfeln und in der erhitzten Butter glasig dünsten. Den Fond und das Stielmus zufügen und etwa 15 Minuten kochen. Mit Salz und Pfeffer würzen.

Stielmus-Quiche ←

Das Mehl und das Bier verquirlen. Die Eier nacheinander unterrühren und die Stielmusmischung unterheben. Jeweils drei Scheiben Speck in einer Pfanne auslassen und ein Viertel der Mischung in die Pfanne geben. Auf beiden Seiten goldbraun backen und auf einen Teller gleiten lassen.

Stielmus-Quiche

Für 2 Quicheformen mit 20 Zentimeter Durchmesser

1 Portion Blitzteig (Rezept S. 171)

300 Gramm Stielmus, 1 Zwiebel

150 Gramm Frühstücksspeck

1 Eßlöffel Butter, 60 Gramm Emmentaler

200 Milliliter Milch

50 Gramm Schlagsahne

2 Eigelb, 2 Eier

Salz, Pfeffer und Muskat

Aus dem Teig zwei Platten mit 22 Zentimeter Durchmesser ausrollen und in die Quicheformen legen, überstehende Reste abschneiden.

Das Stielmus putzen, waschen, gut abtropfen lassen und klein schneiden. Die Zwiebel pellen und fein würfeln. Den Frühstücksspeck in feine Streifen schneiden und in der Butter auslassen, Zwiebeln und Stielmus zufügen und bei geringer Hitze 5 Minuten schmoren. Abkühlen lassen und auf die beiden Quiches verteilen. Mit dem Käse bestreuen.

Milch, Sahne, Eigelb und Eier mit Salz, Pfeffer und Muskat verrühren und über das Stielmus gießen. Die Quiches im vorgeheizten Ofen bei 180 Grad etwa 20 Minuten backen.

bytes
Isartorplatz 1
80331 München
089 - 29 16 10 47

Die Wurzeln, Rüben und Knollen

Das dicke Ende vieler Blattgewächse sind entweder Rüben wie Rote Bete oder Wurzeln wie Meerrettich oder Knollen wie Topinambur. Botanisch gesehen gehören sie zwar zu verschiedenen Familien, aber sie haben viel gemeinsam: Sie lassen sich lange lagern, sind beliebte und gesunde Beilagen und besonders reich an Vitaminen und Mineralien.

Das kleine Wurzelgemüse

Kerbelrübe *Chaerophyllum bulbosum ssp. bulbosum;* Pastinake *Pastinaca sativa var. sativa;*
Petersilienwurzel *(Petroselium crispum convar. radicosum)*
Doldenblütler

Wie viele andere Gemüse brachten die Römer auch den Kerbel nach Germanien. Die **Kerbelrübe** galt als Heilmittel gegen Schluckauf, aber auch gegen die Pest. Als wohlschmeckendes Gemüse wurde sie erst viel später entdeckt.

Die gelbfleischige Wurzel, deren Geschmack an Eßkastanien erinnert, ist heute noch in der ungarischen Küche zu finden, wo sie ähnlich wie Kartoffeln verwendet wird. Bei uns kommt sie vereinzelt von Dezember bis März auf die Märkte.

Im März in feuchte, lockere Erde im Abstand von 30 Zentimetern ausgesät, können Sie nach etwa zehn Wochen die Blättchen abschneiden. Im Herbst werden dann die Knollen geerntet. Sie schmecken am besten, wenn sie vor der Verwendung etwa zwei Monate in feuchtem Sand gelagert wurden.

Im Gegensatz zu Kerbel und Petersilie wird der **Pastinak** (oder die Pastinake) nur als Wurzel genutzt, das aber schon seit vielen tausend Jahren. Funde in Pfahlbauten in der Schweiz und in Italien zeugen davon, daß der Pastinak eine sehr alte Kulturpflanze ist. Seit dem 16. Jahrhundert verfütterte man Pastinaken vorwiegend an Tiere und noch heute schwört man in Parma darauf, daß der berühmte Schinken am besten von den Schweinen schmeckt, die mit Pastinaken gefüttert wurden.

Seit einigen Jahren wird er wieder großflächig angebaut, vor allem im Rheinland. Die rheinischen Pastinaken wußte übrigens auch Kaiser Tiberius zu schätzen – sie waren sein Lieblingsgemüse.

Sorten: Avonresister, Halblange Weiße.

Schon in den Sagen des klassischen Altertums wird die Petersilie besungen, Herkules bekränzte sich nach seinem Sieg über den nemeanischen Löwen mit Petersilie, laut Homer fütterten die griechischen Krieger ihre Pferde vor der Schlacht mit **Petersilienwurzel**, damit sie Kraft und Ausdauer entwickeln konnten. Als Kraut und als Wurzel wird sie schon seit tausenden von Jahren zur Würze verwendet sowie als Gemüse gegessen.

Im Vergleich zum Pastinak hat die Petersilienwurzel unbestritten den feineren Geschmack, das wußte auch auch Kaiser Karl der Große, der sie bereits in seinem Garten anbauen ließ.

Obwohl die Petersilie das am meisten verwendete Küchenkraut ist, fristet ihre Wurzel ein Schattendasein. Man hat einfach vergessen, welch wohlschmeckendes Wurzelgemüse, Püree oder Süppchen sich daraus zubereiten läßt. Deshalb lohnt es sich auch, sie im Küchengarten anzubauen.

→ **Die kleinen Wurzeln wie Kerbel (oben), Petersilienwurzel (unten links) und Pastinak (unten rechts) sind nur als herzhafte Suppengemüse bekannt**

Kerbelrübensüppchen

Rezept für 4 Personen

500 Gramm Kerbelrüben

3 Schalotten

4 Eßlöffel Butter

1 Liter Gemüsefond (Rezept S. 166)

10–12 Eßkastanien

Salz, Pfeffer aus der Mühle

100 Gramm Schlagsahne

Die Kerbelrüben waschen, schälen und kleinschneiden. Die Schalotten pellen und fein würfeln und beides in der Butter etwa 5 Minuten andünsten. Mit der Gemüsebrühe aufgießen und 20 Minuten köcheln lassen. Die Rüben mit dem Stabmixer pürieren.

Die Maronen kreuzweise einritzen und in einem Topf mit Wasser bedeckt etwa 15 Minuten kochen.

Die Kerbelsuppe mit Salz und Pfeffer abschmecken und mit der Sahne verfeinern. Auf vier Teller verteilen und jeweils zwei bis drei halbierte Maronen daraufgeben.

Gebratene Kerbelrüben

Rezept für 4 Personen

500 Gramm Kerbelrüben

1 Bund Kerbel

4 Eßlöffel Butter

Salz, Pfeffer aus der Mühle

Die Kerbelrüben putzen, waschen und schälen. In einem Topf mit Wasser bedeckt etwa 15 Minuten kochen. Abtropfen und abkühlen lassen.

Den Kerbel waschen, trockentupfen und hakken. Die Kerbelrüben in dünne Scheiben schneiden und in der Butter rösten. Mit Salz und Pfeffer würzen und mit dem gehackten Kerbel bestreuen. Als Beilage servieren.

→ **Kerbelrübensüppchen**

Petersilienwurzel-Flan auf Schnittlauchsauce

REZEPT FÜR 4 PERSONEN

Für die Flans:

4 Teelöffel Butter

350 Gramm Petersilienwurzeln

500 Milliliter Gemüsefond (Rezept S. 166)

2 Eier, 2 Eigelb

200 Gramm Crème double

Salz, weißer Pfeffer aus der Mühle

Für die Sauce:

200 Gramm Joghurt, 100 Gramm Crème fraîche

Salz, Pfeffer aus der Mühle

Saft von ½ Zitrone, 1 Bund Schnittlauch

Vier Soufflé-Förmchen großzügig mit der Butter einfetten. Die Petersilienwurzeln schälen, klein schneiden und in dem Gemüsefond etwa 15 Minuten kochen. In den Mixer geben und mit 80–100 Milliliter des Fonds pürieren.

Die Eier und die Eigelbe schaumig schlagen und mit dem Petersilienwurzelpüree vermischen. Die Crème double unterrühren und mit Salz und Pfeffer würzen.

Die Mischung in die Förmchen gießen und diese in eine mit heißem Wasser gefüllte feuerfeste Form stellen. Das Wasser sollte bis etwa 2 Zentimeter unterhalb des Randes der Förmchen reichen. Im vorgeheizten Backofen bei 180 Grad etwa 35 bis 40 Minuten backen.

Joghurt und Crème fraîche verrühren und mit Salz, Pfeffer und Zitronensaft abschmecken. Zum Schluß den gehackten Schnittlauch unterziehen.

Auf jeden Teller etwas von der Sauce gießen und die Flans daraufstürzen. Restliche Sauce dazureichen.

Petersilienwurzel-Kartoffelpuffer

REZEPT FÜR 4 PERSONEN

250 Gramm Kartoffeln

250 Gramm Petersilienwurzeln

3 Eier, 3 Eßlöffel Schlagsahne

2 Eßlöffel Mehl

50 Gramm gehackte Haselnüsse

50 Gramm geraffelter Gouda

Salz, frisch geriebene Muskatnuß

4 Eßlöffel Öl, 1 Bund Petersilie

Die Kartoffeln waschen, schälen und raspeln, in einem Mulltuch gut ausdrücken und in eine Schüssel geben.

Die Petersilienwurzeln schälen, ebenfalls raspeln und zufügen. Mit den Eiern, der Sahne und dem Mehl verkneten. Die Haselnüsse, den Käse und die gehackte Petersilie zugeben und mit Salz und Muskat würzen.

Etwas Öl in einer Pfanne erhitzen und portionsweise kleine, flache Puffer ausbacken. Immer wieder etwas Öl nachgießen. Mit gemischtem Salat oder als Beilage servieren.

→ **Petersilienwurzel-Kartoffelpuffer**

Indische Pastinakensuppe

REZEPT FÜR 4 PERSONEN

Curry:

1 gehäufter Teelöffel Koriander

1 gestrichener Teelöffel Kreuzkümmel

1 getrocknete Chilischote

1 gestrichener Teelöffel Kurkuma

¼ Teelöffel Fenugreek

Suppenzutaten:

1 mittelgroße Zwiebel, 1 Knoblauchzehe

2 Pastinaken

2 Eßlöffel Butter

1 Eßlöffel Mehl

1 Liter Fleischfond (Rezept S. 167)

150 Gramm Schlagsahne

Salz

1 kleiner Apfel

1 Bund Schnittlauch

Alle Zutaten für das Curry in einem Mörser zerkleinern. Sie werden nicht alles für dieses Gericht brauchen, verschließen Sie den Rest in einem Glas, und würzen Sie Linsengemüse oder Spinat damit.

Die Zwiebel pellen und würfeln, Knoblauch in Scheiben schneiden, die Pastinaken schälen und in Stücke schneiden. Die Butter zerlassen und Zwiebel, Knoblauch und Pastinaken zufügen. Zudecken und bei geringer Hitze 10 Minuten dünsten.

Das Mehl und 1 Eßlöffel des Currys einstreuen und etwa 2 Minuten weiterdünsten, gelegentlich umrühren.

Nach und nach den Fleischfond zugießen und aufkochen lassen. Wenn die Pastinaken weich sind, die Gemüse im Mixer oder mit dem Stabmixer pürieren. Sahne zufügen und mit Salz abschmecken. Apfel waschen, das Kerngehäuse entfernen und vierteln, dann in kleine Streifchen schneiden und mit dem gehackten Schnittlauch auf die Suppe streuen.

Indische Pastinakensuppe ←

Pastinaken mit Nußkruste

REZEPT FÜR 4 PERSONEN

6–8 Pastinaken

6 Eßlöffel Butter

Salz, Muskat

500 Milliliter Gemüsefond (Rezept S. 166)

100 Gramm grob gehackte Haselnüsse

80 Gramm Paniermehl

Die Pastinaken schälen und in Stifte oder Scheiben schneiden. 2 Eßlöffel Butter erhitzen, sie darin etwa 3 Minuten dünsten und mit Salz und Muskat würzen. Mit dem Gemüsefond aufgießen und 15 Minuten garen.

Eine feuerfeste Form einfetten und die Pastinaken hineingeben. Die restliche Butter bei geringer Hitze zerlassen, die Haselnüsse und das Paniermehl einrühren. Diese Mischung auf die Pastinaken verteilen und sie etwa 2–3 Minuten gratinieren.

Die Rüben-Familie

Mairübe *Brassica rapa subvar. majalis;* Herbstrübe *Brassica rapa var. rapa, subvar. esculenta*; Teltower Rübchen *Brassica rapa subvar. pygmaea*; Steckrübe *Brassica napus var. napobrassica*

Kreuzblütler

Vermutlich stammen die **Mairüben** und **Herbstrüben** aus dem Kaukasus, aber manche Quellen behaupten auch, sie seien ursprünglich im afrikanischen Hochland gewachsen.

Weil sie besonders stärkehaltig und nahrhaft sind, wurden Mai- und Herbstrüben schon zu Christi Zeiten großflächig angebaut. Von dem altrömischen Feinschmecker Apicius sind sogar einige Rezepte für das Einlegen von Rüben und Blättern überliefert. Ihr guter Ruf war ruiniert, als man die Rüben im 18. Jahrhundert, nach Einführung der Kartoffel, nur noch als Winterfutter für das Rindvieh anbaute. Nur zu Kriegszeiten oder Mißernten, besann man sich darauf, wieder Rübengerichte zu kochen. Ich erinnere mich gerne an die Suppen und Aufläufe, die meine Großmutter in den Nachkriegsjahren aus Rüben zubereitete. Und wenn sie einige Runkelrüben bekam, kochte sie Rübensirup daraus. Dieses „Rübenkraut" wurde zum Süßen von Gebäck und vielen anderen Speisen verwendet und natürlich auch wie Honig auf das Butterbrot geschmiert, was ich bis heute mit Genuß esse.

Mairüben und Herbstrüben lieben gut gedüngte Sandböden. Die Mairüben werden im März bei feuchter Witterung in dünnen Reihen mit einem Abstand von 15 Zentimetern ausgesät. Herbstrüben werden im Juli/August ebenso ausgesät. Man nennt sie auch Stoppelrüben, weil sie früher auf die abgemähten Kornfelder gesät wurden. Bis zur Ernte brauchen sie etwa 8–10 Wochen.

Sorten Mairüben: Holländische Weiße, Weiße Mairübe, Goldball, Schneeball, Weiße Rotköpfige.

Sorten Herbstrüben: Goldwalze, Ochsenhörner, Tigra, Goldrubin, Runde Weiße Rotköpfige.

Unter Feinschmeckern bekannt ist hingegen das **Teltower Rübchen,** das immer seine Liebhaber fand, darunter kein geringerer als Johann Wolfgang von Goethe. „Teltower Rübchen, zart gekocht mit Butter" waren sein Leibgericht.

Auch die Teltower Rübchen haben eine kurze Kulturzeit. Sie werden vor allem im sandigen Boden Brandenburgs angebaut. Die Aussaat erfolgt im Juli, und zwar etwas dichter als die von Mai- und Herbstrüben, weil sie des besseren Geschmacks wegen kleiner bleiben sollen. Sobald ihre Blätter gelb werden, etwa im September, werden sie geerntet. Wenn Sie genügend Platz in Ihrem Garten haben, können Sie sie ruhig im August nochmal aussäen und im November für den Winter in Sand gebettet einlagern.

Sorten: Teltower, Kleine Märkische.

Steckrüben sind eine Kreuzung aus Herbstrübe und Kohlrabi, sie gelten als kalorienarmes und ernährungsphysiologisch besonders wertvolles Wurzelgemüse. Sie wachsen halb über der Erde und haben blaugrüne Blätter.

→ Das Teltower Rübchen (oben im Vordergrund), die Steckrübe (unten links) und die Herbstrübe (unten rechts) wurden als Gemüse durch die Kartoffel verdrängt

Schweinekamm mit Steckrübenpüree

Rezept für 4 Personen

2 Zwiebeln

1 Kilogramm Schweinkamm

1 Knoblauchzehe

Salz, Pfeffer aus der Mühle

3 Eßlöffel Öl

250 Milliliter Fleischfond (Rezept S. 167)

1 Kilogramm Steckrüben

3 Eßlöffel Butter, Muskatnuß

Die Zwiebeln pellen und würfeln. Den Schweinekamm mit Salz, Pfeffer und der ausgedrückten Knoblauchzehe einreiben.

Das Öl in einem Bräter erhitzen und das Fleisch von allen Seiten anbraten. Die Zwiebelwürfel zufügen und kurz mitbraten.

Den Fleischfond nach und nach angießen und das Fleisch etwa 1½ Stunden schmoren.

Die Steckrüben waschen, schälen und würfeln. In Salzwasser in 30 Minuten weichgaren. Abgießen und gut abtropfen lassen. Die Steckrübenwürfel im Mixer pürieren, die Butter untermischen und mit Salz, Pfeffer und frisch geriebener Muskatnuß abschmecken. Den Schweinekamm in Scheiben schneiden und mit dem Steckrübenpüree und Wildkräutersalat (Rezept S. 18) servieren.

Mairüben-Lasagne

Rezept für 4 Personen

8–10 Mairüben

3 Frühlingszwiebeln

3 Eßlöffel Butter

500 Gramm Hackfleisch

Salz, weißer Pfeffer aus der Mühle

frisch geriebene Muskatnuß

1 Portion Béchamelsauce (Rezept S. 169)

50 Gramm geriebenerEmmentaler

Die Rüben waschen, schälen und in Scheiben schneiden. In kochendem Salzwasser 5 Minuten blanchieren. Abgießen und abtropfen lassen.

Die Frühlingszwiebeln waschen, putzen und in Ringe schneiden. In einer Pfanne 2 Eßlöffel Butter erhitzen und das Hackfleisch darin anbraten. Die Frühlingszwiebeln dazugeben und mitbraten. Mit Salz, Pfeffer und Muskat würzen.

Eine feuerfeste Form mit der restlichen Butter ausfetten. Den Boden schuppenförmig mit der Hälfte der Rübenscheiben auslegen. Darauf die Hackfleischmischung geben und mit den restlichen Rübenscheiben belegen. Die Béchamelsauce darübergießen und mit dem Käse bestreut im vorgeheizten Backofen bei 200 Grad 20 Minuten backen.

Mairüben-Lasagne ←

Steckrübensuppe mit Knödeln

REZEPT FÜR 4 PERSONEN

120 Gramm Graubrot vom Vortag

100 Milliliter lauwarme Milch

20 Gramm flüssige Butter, 1 Ei

½ Teelöffel gemahlener Kümmel

1 Teelöffel frisch gehackte Majoranblätter

1 Prise frisch geriebene Muskatnuß

Salz, etwas Speisestärke

500 Gramm Steckrüben, 1 große Zwiebel

2 Eßlöffel Butter, 2 Teelöffel Zucker

1 Liter Gemüsefond (Rezept S. 166)

200 Gramm Schlagsahne

1 Bund Schnittlauch

Das Brot entrinden, würfeln, mit der Milch begießen, mischen und etwa 20 Minuten quellen lassen. Butter, Ei, Kümmel, Majoran, Muskat und Salz zufügen und mischen. Etwa 10 Minuten durchziehen lassen.

Salzwasser zum Kochen bringen, mit bemehlten Händen (Speisestärke) acht kleine Knödel formen und ins kochende Salzwasser geben. Hitze zurückschalten und 15 Minuten ziehen lassen.

Die Steckrüben waschen, schälen und in kleine Stücke schneiden. Zwiebel pellen, fein würfeln und in der Butter glasig dünsten. Steckrübenwürfel zufügen, kurz mitdünsten, den Zucker darüberstreuen und kurz karamelisieren lassen. Gemüsefond dazugießen und in etwa 30 Minuten weich garen.

Die Suppe mit dem Schneidestab pürieren und durch ein Sieb passieren. Die Sahne zufügen und nochmals etwa 10 Minuten köcheln lassen. Eventuell nachwürzen.

Die Suppe auf vier Teller verteilen, die Knödelchen darauf verteilen und mit gehacktem Schnittlauch bestreuen.

Rüben-Risotto mit Limetten

REZEPT FÜR 4 PERSONEN

1 kleine Zwiebel, 5 Eßlöffel Butter

250 Gramm Reis

1 Liter Geflügelfond (Rezept S. 166)

1 Schuß Rotwein, 200 Gramm Mairüben

Salz, Pfeffer aus der Mühle

abgeriebene Schale von 1 Limette

1 Bund Petersilie

Die Zwiebel pellen und fein würfeln. In einem Topf 2 Eßlöffel Butter zerlassen und den Reis mit der Zwiebel glasig dünsten. Den Geflügelfond erhitzen und nach und nach zum Reis geben, gerade soviel, daß der Reis mit dem Fond bedeckt ist. Nach etwa 15 Minuten ist der Reis gar.

Die Mairüben putzen, waschen und schälen, dann in kleine Würfel schneiden und etwa 10 Minuten in Salzwasser halb gar werden lassen.

Die restliche Butter in einer Pfanne zerlassen und die Rübenwürfelchen darin braten und mit einem Schuß Rotwein ablöschen. Mit Salz und Pfeffer abschmecken.

Die Petersilie waschen, trockentupfen und hacken. Die Rübenwürfel, die Limettenschale und die Petersilie unter den Reis heben.

→ **Rüben-Risotto mit Limetten**

Teltower-Rüben-Gratin

Rezept für 4 Personen

500 Gramm Teltower Rübchen

1 Knoblauchzehe

30 Gramm Butter

200 Gramm Schlagsahne

125 Milliliter Milch

50 Gramm geriebener Gruyère

frisch geriebene Muskatnuß

Salz, frisch gemahlener weißer Pfeffer

Die Teltower Rübchen schälen und mit einem Gurkenhobel in dünne Scheibchen schneiden.

Eine feuerfeste Form mit einer angeschnittenen Knoblauchzehe einreiben und dann großzügig mit der Butter ausfetten. Die Rübchen fächerförmig hineinlegen.

Die Sahne und die Milch mit dem Käse verrühren und mit Muskat, Salz und Pfeffer würzen. Die Sahne-Käse-Sauce über die Rübchen gießen, sie müssen völlig bedeckt sein, notfalls noch etwas Sahne nachgießen.

Im vorgeheizten Backofen bei 190 Grad etwa 25 Minuten backen.

Rüben-Torte

Rezept für eine Springform von 25 Zentimeter Durchmesser

1 Portion Blitzteig (Rezept S. 171)

1 Kilogramm Herbstrüben

Salz

1 Bund Petersilie

½ Bund Majoran

frisch geriebene Muskatnuß

Pfeffer aus der Mühle

75 Gramm Butter

1 Ei zum Bestreichen

Zwei Drittel des Teigs zu einer Platte von 27 Zentimeter Durchmesser ausrollen und in die Form legen. Den Teig fest in die Form drücken und überstehende Ränder abschneiden. Den restlichen Teig als Deckel ausrollen und in der Mitte ein sogenanntes Dampfloch ausstechen.

Die Rüben putzen und schälen und in sehr dünne Scheiben schneiden. In siedendem Salzwasser kurz blanchieren, abschrecken und trockentupfen.

Die Petersilie und den Majoran waschen und hacken. Nun die Rüben lagenweise, mit Butterflöckchen, den gehackten Kräutern, jeweils etwas Muskat und Salz in die Form schichten. Den Teigdeckel auflegen, den Rand mit verquirltem Ei bestreichen und dann rundherum fest andrücken. Das restliche Ei auf dem Deckel verstreichen. Die Torte im vorgeheizten Backofen auf der untersten Schiene bei 175 Grad 60 Minuten backen. Mit Schnittlauchsauce (Rezept S. 169) servieren.

Rüben-Torte ←

Bunter Rüben-Eintopf

REZEPT FÜR 4 PERSONEN

1 Liter Gemüsefond (Rezept S. 166)

400 Gramm Rindfleisch zum Kochen

1 Scheibe Kalbshaxe

200 Gramm geräucherter Schweinebauch

1 kleines Suppenhuhn

200 Gramm Wirsing

4 Möhren, 2 Kartoffeln

250 Gramm Teltower Rübchen

2 Zwiebeln

1 Bund Suppengrün

Salz, Pfeffer aus der Mühle

2 Räucherwürstchen

Den Gemüsefond mit 1 Liter Wasser zum Kochen bringen. Das Rindfleisch, die Beinscheibe und den Schweinebauch hineingeben, etwa 30 Minuten kochen lassen und den Schaum abschöpfen. Bei geringer Hitze nochmals 45 Minuten sieden lassen. Das Suppenhuhn waschen, trockentupfen und zum Fleisch in den Topf geben.

Den Kohl waschen, putzen und kleinschneiden. Die Kartoffeln und Möhren schälen und kleinschneiden. Die Teltower Rübchen nur schälen. Die Zwiebeln pellen und vierteln. Das Suppengrün waschen und in kleine Würfel schneiden. Alle Gemüse zum Fleisch geben und weitere 35 Minuten kochen.

Das Fleisch und das Huhn aus dem Topf nehmen und die Räucherwürstchen in der Suppe erhitzen.

Huhn und Fleisch in mundgerechte Bissen schneiden und auf einem Teller anrichten. Die Würstchen in Scheiben schneiden und dazulegen. Mit der Suppe servieren.

Glacierte Teltower Rübchen

REZEPT FÜR 4 PERSONEN

500 Gramm kleine Teltower Rübchen

250 Milliliter Geflügelfond (Rezept S. 166)

4 Eßlöffel Butter

½ Teelöffel Zucker

Salz, weißer Pfeffer

Die Teltower Rübchen waschen, putzen und schälen. Den Geflügelfond und die Butter erhitzen und die Teltower Rübchen darin etwa 15 Minuten garen.

Dann den Zucker darüberstreuen, die Rübchen schwenken, damit er gut verteilt wird, und das Gemüse noch etwa 5 Minuten weiterschmoren.

Mit Salz und wenig weißem Pfeffer abschmekken. Die glasierten Teltower Rübchen passen besonders gut zu gebratenem Fleisch oder Geflügel.

→ **Bunter Rüben-Eintopf**

Die Rettich-Familie

Meerettich *Armoracia rusticana;*
Rettich, Winterrettich *Raphanus sativus var. nigra*
Kreuzblütler

Der **Meerrettich** oder Kren, ursprünglich im westlichen Rußland beheimatet, war schon im Altertum bis nach Persien und Ägypten verbreitet. Er wurde wegen seiner antibiotischen Wirkung in erster Linie als Arznei verwendet. Woher die Wurzel ihren Namen hat ist unklar. Meerrettich hat jedenfalls nichts mit dem Meer zu tun, vielleicht leitet sich althochdeutsch *merradith* von lateinisch *maior radix* = große Wurzel ab. Wie dem auch sei, der Meerrettich hat es in sich. Schwefelige Senföle in hoher Konzentration sorgen für die Schärfe und das Aroma. Beides bleibt übrigens nur erhalten, wenn er roh verwendet wird, das heißt, auch in warme Saucen wird der geriebene Meerrettich erst kurz vor dem Servieren untergehoben.

Meerrettich anzubauen ist sehr aufwendig, weil reine Handarbeit. Im April setzt man Abschnitte dünnerer Wurzeln in einem Abstand von 30x60 Zentimeter. Das Wurzelende sollte etwa 15 Zentimeter tief liegen, das Kopfende nur mit 1 Zentimeter Erde bedeckt sein. Das Meerrettichbeet muß regelmäßig gedüngt und aufgelockert werden. Im Herbst, wenn sich die äußeren Blätter braun färben, kann man den Meerrettich ernten. Etwa drei Jahre kann man von einer einmal gesetzten Wurzel ernten, dann muß das gesamte Beet umgepflügt und bis zu 50 Zentimeter Tiefe gedüngt werden.

Sorten: Badischer, Bayrischer, Spreewälder.

Wenn die alten Griechen Apollo als Dank Ernteopfer darbrachten, wurden die Rüben auf Bleitellern, die Rote Bete auf Silbertellern, die Rettiche jedoch auf goldenen Tellern in den Tempel getragen. So hoch schätzten sie den **Rettich**. Im alten Ägypten gehörte der Rettich zur täglichen Nahrungsration der Pyramidenbauer. In Deutschland findet er erste Erwähnung als Heil- und Gemüsepflanze im 13. Jahrhundert. Regional hat der Rettich auch in Deutschland größere Bedeutung, besonders in Bayern: dünn spiralig geschnitten verzehrt man ihn gern zur Brotzeit im Biergarten.

Wenn Sie dieses frische Wurzelgemüse selbst anbauen wollen, dann säen Sie ihn im frühen Mai in halbschattig gelegene Beete etwa 1 Zentimeter tief in die Erde. Er mag Feuchtigkeit, deshalb sollten Sie immer für ausreichende Bewässerung sorgen. Bis zur ersten Ernte vergehen etwa 10 Wochen.

Sorten: Münchner Weißer Treib und Setz, April Cross F1-Hybride.

Der **schwarze Winterrettich** ist nicht so genügsam wie sein weißer Bruder, er liebt fette Böden und ebenfalls viel Wasser. Er wird ab Anfang Juni bis Mitte August 2–3 Zentimeter tief eingesät, am besten nachdem es geregnet hat. Auf den geringsten Frost reagiert er mit fadem Geschmack, also ernten Sie ihn bis Mitte Oktober. Sie können ihn im Keller in feuchtem Sand lagern.

Sorten: Schwarzer Runder, Langer Erfurter, Langer Grauer Frankfurter, Runder schwarzer Winter.

→ **Eine Wurzel, die es in sich hat: Meerrettich**

Lachsforelle mit Meerrettichsauce

REZEPT FÜR 4 PERSONEN

200 Milliliter Fischfond (Rezept S. 167)

Saft von ½ Zitrone

1 Schuß trockener Vermouth

100 Gramm Schlagsahne

100 Gramm Crème fraîche

1 kleiner Chinakohl

4 Eßlöffel Butter

Salz, weißer Pfeffer aus der Mühle

2 geräucherte Lachsforellenfilets

1 kleiner Meerettich (etwa 120 Gramm)

Den Fischfond, Zitronensaft und Vermouth in einem kleinen Topf einige Minuten kochen lassen. Sahne und Crème fraîche zufügen und die Sauce auf etwa zwei Drittel einkochen.

Den Chinakohl waschen und in Streifen schneiden. 2 Eßlöffel Butter erhitzen und den Kohl darin dünsten. Mit Salz und Pfeffer abschmecken.

Die Forellenfilets halbieren und in der restlichen Butter auf beiden Seiten anbraten.

Meerrettich waschen, schälen und reiben. Die Sauce kurz aufkochen, vom Herd nehmen und den Meerrettich unterheben. Den Kohl auf vier Teller verteilen. Die Sauce mit dem Pürierstab aufschlagen, auf den Kohl gießen und die Forellenfilets darauflegen.

Roastbeef mit Apfel-Sahne-Meerrettich

REZEPT FÜR 4 PERSONEN

1 kleiner Apfel

½ Meerrettich

200 Gramm Schlagsahne

8 Scheiben Roastbeef

100 Gramm gemischter Salat

Salz, Pfeffer aus der Mühle

Die Sahne steif schlagen. Den Apfel und den Meerettich schälen, raspeln und sofort unter die Sahne mischen.

Jeweils 2 Scheiben Roastbeef mit etwas gemischtem Salat auf vier Tellern anrichten und mit Salz und Pfeffer bestreuen. Röstbrot und den Apfel-Sahne-Meerrettich dazureichen.

→ **Lachsforelle mit Meerrettichsauce**

Rettich-Salat

Rezept für 4 Personen

1 großer Rettich

1 Bund Radieschen

1 Freilandgurke

½ Teelöffel Salz

1 Eßlöffel Zucker

4 Eßlöffel Sherryessig

1 Eßlöffel Kürbiskernöl

2 Eßlöffel Sonnenblumenöl

½ Eßlöffel Sojasauce

Pfeffer aus der Mühle

1 Bund Schnittlauch

Den Rettich, die Radieschen und die Gurke putzen und waschen. Rettich und Radieschen in dünne, Gurke in dicke Scheiben schneiden. Salz und Zucker mischen und Rettich und Radieschen damit bestreuen. 30 Minuten marinieren.

Vier Eßlöffel des ausgetretenen Saftes mit dem Essig, den Ölen und der Sojasauce zu einer Salatsauce mischen, den Rest des Saftes abgießen. Rettich und Radieschen damit übergießen und pfeffern. Die Gurkenscheiben unterheben. Den Schnittlauch hacken und den Salat damit bestreuen.

Rettich-Suppe

Rezept für 4 Personen

500 Gramm Rettich

500 Milliliter Geflügelfond (Rezept S. 166)

150 Gramm Schlagsahne

Salz, weißer Pfeffer aus der Mühle

1 Bund Schnittlauch

Den Rettich putzen, schälen und raspeln. Etwas vom jungen Grün beiseitelegen. Den Geflügelfond erhitzen und die Rettichraspel hineingeben. Etwa 10 Minuten kochen lassen, die Sahne zugießen und nochmals aufkochen. Mit Salz und Pfeffer abschmecken und mit dem Stabmixer aufschlagen. Das Rettichgrün und den Schnittlauch hacken und auf die Suppe streuen.

→ **Rettich-Salat**

Schwarzer Rettich gratiniert

REZEPT FÜR 4 PERSONEN

4 schwarze Rettiche

250 Milliliter Gemüsefond (Rezept S. 166)

2 kleine Zwiebeln

100 Gramm magerer Schinkenspeck

1 Eßlöffel Sonnenblumenöl

300 Gramm Crème fraîche

4 Eßlöffel frisch geriebener Parmesan

2 Eßlöffel gehackte Petersilie

Salz

weißer Pfeffer aus der Mühle

2 Eßlöffel Butter

4 Eßlöffel gehackte Pistazien

Den Rettich waschen, schälen, in dünne Scheiben schneiden und im kochenden Gemüsefond blanchieren.

Die Zwiebeln pellen und fein würfeln. Den Schinkenspeck ebenfalls fein würfeln.

Das Öl in einer Pfanne erhitzen und Schinkenwürfel und Zwiebeln 3 Minuten darin dünsten.

Die Crème fraîche, den Parmesan und die Petersilie unter die Zwiebel-Schinkenspeck-Mischung mischen und mit Salz und Pfeffer abschmecken.

Vier feuerfeste Förmchen ausbuttern und die Böden fächerförmig mit den Rettichscheiben auslegen. Darauf die Hälfte der Crème fraîche-Mischung verteilen und mit den restlichen Rettichscheiben bedecken. Die restliche Mischung darauf verstreichen und mit den Pistazien bestreuen.

Im vorgeheizten Ofen bei 200 Grad etwa 15 Minuten überbacken.

Schwarzer Rettich-Radieschen-Salat

REZEPT FÜR 4 PERSONEN

2 schwarze Rettiche

1 Bund Radieschen

2 Eßlöffel Sonnenblumenöl

2 Eßlöffel Geflügelfond (Rezept S. 166)

1 Eßlöffel Weißweinessig

Salz, schwarzer Pfeffer aus der Mühle

Die Rettiche waschen, schälen und grob raspeln. Den austretenden Saft bis auf 2 Eßlöffel wegschütten.

Die Radieschen waschen, putzen, die jungen Blättchen beiseitelegen und in dünne Scheibchen schneiden oder hobeln. Mit dem geraspelten Rettich vermischen.

Den Rettichsaft, das Sonnenblumenöl, den Geflügelfond und den Essig mit Salz und Pfeffer zu einer Emulsion aufschlagen.

Das Radieschen-Grün fein hacken, unter die Sauce mischen und damit den Rettich-Radieschen-Salat begießen. Dazu schmeckt Schwarzbrot.

→ **Schwarzer Rettich gratiniert**

Rote Bete

Beta vulgaris var. conditiva
Gänsefußgewächse

Obwohl die Roten Rüben schon im Altertum bei den Griechen und Römern bekannt waren, wurden sie erst im 13. Jahrhundert von deutschen Gärtnern kultiviert. Eng verwandt sind sie mit der Runkelrübe und dem Mangold. Die **Rote Bete,** so wie wir sie kennen, ist sogar erst im 19. Jahrhundert entstanden. In Skandinavien, Rußland und Polen war sie schnell fester Bestandteil der Landesküche. Während Sie in Deutschland vorwiegend als Sauerkonserve existiert, gibt es im Norden und Osten Europas die herrlichsten Rote Bete-Rezepte, Suppen, Beilagen und natürlich Salate.

Die Rote Bete liebt Stickstoff, deshalb ist sie auch vor einiger Zeit wegen ihres hohen Nitratgehaltes ins Gerede gekommen. Wer sie jedoch selbst anbaut, kann durch entsprechende Düngung darauf einwirken. Im April säen Sie 2–3 Samenkörner im Abstand von 30 Zentimetern auf das Beet, drücken sie an und streuen etwas Erde darüber. Der Boden muß regelmäßig gelockert und von Unkraut befreit werden. Sobald sich drei Blättchen zeigen, zupfen Sie die schwachen Pflänzchen aus. Ab Juli können Sie die Rote Bete ernten, dabei ist allerdings Vorsicht geboten, damit die Haut nicht verletzt wird, und der rote Rübensaft austritt, der Hände und Kleidung verfärbt.

Sorten: Boltady, Dardani, Fotono, Juwakugel.

→ **Man mag sie, oder man lernt sie erst durch die richtigen Rezepte zu mögen: die Rote Bete**

Borschtsch

Die Rote Bete-Suppe ist eines der bekanntesten Gerichte aus der russischen Küche. Rote Bete war nie so ganz mein Fall, aber dieses Rezept meiner ukrainischen Freundin Katja hat mich überzeugt, und Borschtsch ist in meiner Küche an Silvester inzwischen eine Art Tradition geworden.

Rezept für 4 Personen

500 Gramm Rinderbrust
Salz, 10 Pfefferkörner
2 Lorbeerblätter
6 Pimentkörner
1 große Zwiebel
20 Gramm Butter
500 Gramm Rote Bete
2 Eßlöffel Rotweinessig
1 Eßlöffel brauner Zucker
Salz, weißer Pfeffer aus der Mühle
250 Gramm Weißkohl
je 125 Gramm Möhren und Sellerie
4 Stengel Petersilie
1 Eßlöffel Tomatenmark
1 Bund Dill
150 Gramm saure Sahne

Die Rinderbrust in 1½ Liter kochendes Salzwasser geben, die Gewürze zufügen und etwa 90 Minuten sieden lassen.

Die Zwiebel pellen, grob würfeln und in der Butter dünsten. Rote Bete waschen, schälen, in Streifen schneiden und kurz mitschmoren. Den Rotweinessig zufügen, Zucker einstreuen und Salz und Pfeffer würzen. Etwa 125 Milliliter Rinderbrühe zugießen und 50 Minuten köcheln lassen.

Den Weißkohl waschen und in Streifen schneiden. Die Möhre und den Sellerie schälen und würfeln.

Das Rindfleisch aus der Brühe nehmen und in Würfel schneiden. Die Brühe durchsieben und zur Rote Bete-Mischung geben. Weißkohl, Möhre, Sellerie, Petersilienstengel und Tomatenmark zufügen und nochmals 25 Minuten kochen. Das Fleisch in den letzten 5 Minuten in der Suppe erhitzen.

Den Dill hacken und auf die fertige Suppe streuen. Die saure Sahne separat zum Borschtsch reichen.

Rote Bete in Orangenmarmelade geschmort

Dieses Rote Bete-Gemüse habe ich zum ersten Mal bei Eckart Witzigmann in der Aubergine gegessen und zu Hause nachgekocht. Zu Wildgerichten ist es ein wahrhafter Genuß.

Rezept für 4 Personen

12 Rote Bete
1 Eßlöffel Zucker, 1 Eßlöffel Salz
1 Teelöffel Kümmel, 125 Milliliter Obstessig
30 Gramm Butter
3 Eßlöffel Orangenmarmelade

Die Rote Bete waschen. In 2 Liter Wasser mit dem Zucker, Salz, Kümmel und dem Essig etwa 1 Stunde kochen. Kalt abschrecken, schälen und achteln.

Die Butter zerlassen und die Orangenmarmelade zufügen. Die Rote Bete hineingeben, schwenken und kurz darin schmoren.

→ **Borschtsch**

Rote Bete-Schaum

REZEPT FÜR 4 PERSONEN

4 große Rote Bete

je 1 Eßlöffel Zucker, 1 Eßlöffel Salz

1 Teelöffel Kümmel

125 Milliliter Obstessig

1 Gemüsezwiebel

30 Gramm Butter

Salz, weißer Pfeffer aus der Mühle

500 Milliliter Fleischfond (Rezept S. 167)

375 Gramm Schlagsahne

2 Orangen

50 Gramm gehackte Walnüsse

50 Gramm gehackte Mandeln

Die Rote Bete waschen und in 1 Liter Wasser mit Zucker, Salz, Kümmel und Obstessig etwa 1 Stunde garen. Kalt abschrecken, schälen und in dünne Scheiben schneiden.

Die Zwiebel pellen und würfeln. Die Butter erhitzen und die Zwiebeln und die Rote Bete darin dünsten. Mit Salz und Pfeffer würzen, die Fleischbrühe zugießen und etwa 10 Minuten kochen lassen. Dann 250 Gramm Sahne zufügen und nochmals 5 Minuten köcheln.

Zwischenzeitlich die Orangen so schälen, daß auch die weiße Haut entfernt wird. Mit einem scharfen Messer die Orangenfilets herauslösen.

Die Suppe mit dem Stabmixer pürieren und kräftig aufschlagen.

Die restliche Sahne steif schlagen. Die Suppe auf vier Teller verteilen, mit je einem Klacks Sahne versehen und mit den Orangenfilets, den Nüssen und Mandeln bestreut servieren.

Rote Bete mariniert

REZEPT FÜR 4 PERSONEN

500 Gramm Rote Beete

1 Eßlöffel Zucker

1 Eßlöffel Salz

125 Milliliter Obstessig

2 Schalotten

1 Eßlöffel Rotweinessig

3 Eßlöffel Rotwein

Salz

½ Teelöffel Dijonsenf

4 Eßlöffel Olivenöl

1 Eßlöffel gehackte Kräuter

(Persilie, Kerbel, Schnittlauch, Basilikum)

Die Rote Bete waschen und in etwa 1 Liter Wasser mit Zucker, Salz und Obstessig in 1 Stunde garen. Kalt abschrecken, schälen und würfeln.

Die Schalotten pellen und fein würfeln. Den Essig, Rotwein und das Salz so lange rühren, bis sich das Salz aufgelöst hat. Dann den Senf und das Olivenöl mit einem Schneebesen unterschlagen. Die Schalottenwürfel und die gehackten Kräuter daruntermischen, über die noch warmen Rote Bete-Würfel gießen und 2 Stunden ziehen lassen.

→ **Rote Bete mariniert**

Topinambur

Helianthus tuberosus
Korbblütler

Die Topinamburknolle kam Anfang des 17. Jahrhunderts über Frankreich nach Deutschland. Sie fühlte sich offenbar hier wie zu Hause, denn schon nach einigen Jahrzehnten war sie sehr verbreitet. Ihre eigentliche Heimat ist Nordamerika und Kanada, wo sie französische Seefahrer bei einem Indianerstamm, den Topinambus, kennengelernt hatten und mit nach Europa brachten. Da sie ähnlich wie Artischocke schmeckt, wurde sie auch „Erdartischocke" und „Jerusalemartischocke" genannt. Mit Jerusalem hat der Name allerdings nichts zu tun, sondern er ist eine Verballhornung des französischen Namens *girasol* = Sonnenblume.

Ihre europäische Karriere war relativ kurz, weil sie schon 150 Jahre später wie viele andere Rüben und Wurzeln von der Kartoffel verdrängt wurde.

In der Gegend von Karlsruhe wird Topinambur auch heute noch angebaut. Die Knolle kann zum Beispiel gekocht in Linsensuppe gegeben werden und schmeckt wie eine Mischung aus Möhre und Kartoffel – „Topi" wird in Baden auch als Schnaps getrunken. Sonst findet sich Topinambur überwiegend auf Wildäckern, die Jäger für die Äsung der Rehe angelegt haben.

Weil die Pflanze einen besonders hohen Gehalt an dem stärkeähnlichen Kohlenhydrat Inulin hat, das unter Einwirkung von Säuren und Fermenten in Fruchtzucker gespalten wird, ist sie für Diabetiker ein besonders wertvolles Nahrungsmittel. Außerdem wird der Topinamburknolle eine appetithemmende Wirkung zugeschrieben.

„Ihre guten Eigenschaften bestehen in großer Ergiebigkeit und darin, daß bei ihr niemals von Mißernte die Rede sein kann" sagt Henriette Davidis, die berühmteste deutsche Kochbuch-Autorin des 19. Jahrhunderts über die Topinamburknolle in ihrem Buch „Küchen- und Blumengarten".

Obwohl sie überall wächst – außer auf Moorboden – ist es ratsam, das Beet vorher spatentief umzugraben und zu düngen. Wie bei Kartoffeln werden im März Saatknollen etwa 50 Zentimeter voneinander entfernt gelegt. Im Sommer werden die Beete gehackt und im Spätherbst, nachdem die Stengel abgeschnitten sind, geerntet. Die Knollen, die Sie nicht verbrauchen, lassen Sie im Erdreich und im nächsten Jahr wachsen daraus ihre neuen Pflanzen. Da die Topinambur, einmal angesiedelt, nur schwer wieder zu entfernen sind, suchen Sie sich eine Ecke in Ihrem Garten aus, wo sie einige Jahre stehenbleiben können.

Sorten: Bianka, Gute Gelbe, Rote Zonenkugel.

→ **Die häßliche Knolle mit dem exotischen Namen: Topinambur**

Topinambur-Pfanne mit grünem Spargel

Rezept für 4 Personen

500 Gramm Topinambur

250 Gramm grüner Spargel

2 Frühlingszwiebeln

4 Eßlöffel Butter

Salz, schwarzer Pfeffer aus der Mühle

Die Topinambur schälen, in Scheiben schneiden und in Wasser legen, damit sie nicht braun werden.

Den grünen Spargel waschen, die Enden abschneiden und in ungefähr 3 Zentimeter lange Stücke schneiden. Etwa 5 Minuten in Salzwasser kochen.

Die Frühlingszwiebeln putzen, waschen und hacken. Die Butter in einer Pfanne zerlassen und die Topinamburscheiben etwa 6 Minuten braten. Herausnehmen und zuerst die Frühlingszwiebeln und nach 3 Minuten den Spargel hineingeben und braten. Die Topinamburscheiben zufügen und nochmals etwa 2 Minuten mitbraten. Mit Salz und Pfeffer würzen.

Topinambur-Crèmesuppe

Rezept für 4 Personen

50 Gramm braune Champignons

2 Eßlöffel Butter

500 Gramm Topinambur

750 Milliliter Geflügelfond (Rezept S. 166)

Saft von ½ Zitrone

1 Zweiglein Estragon

150 Gramm Schlagsahne

Die geputzten Champignons würfeln und in der Butter etwa 8 Minuten braten.

Die Topinamburknollen wie Pellkartoffeln kochen, schälen und würfeln. Beiseite stellen.

Den Geflügelfond mit dem Zitronensaft und dem Estragon aufkochen und 10 Minuten köcheln lassen. Estragon entfernen.

Die Topinamburwürfel mit etwas Fond in den Mixer geben und pürieren. Zurück in den Topf gießen und mit der Sahne auffüllen. Kurz aufkochen, auf vier Teller verteilen und mit den Champignons bestreuen.

→ **Topinambur-Crèmesuppe**

Topinambur-Tortilla

Rezept für 4 Personen

500 Gramm Topinambur

1 Gemüsezwiebel

200 Gramm Champignons

1 Bund Schnittlauch

Salz, Pfeffer aus der Mühle

8 Eßlöffel Olivenöl

8 Eier

Die Topinambur schälen und in dünne Scheiben hobeln. Die Zwiebel pellen und würfeln, die Champignons säubern und in dünne Scheiben schneiden.

Die Eier mit dem gehackten Schnittlauch, Salz und Pfeffer verquirlen.

2 Eßlöffel Öl erhitzen, je ein Viertel der Topinamburscheiben, der Zwiebelwürfel und der Champignons zufügen und alles etwa 5 Minuten braten. Ebenfalls ein Viertel der verquirlten Eier daraufgeben und ca. 2 Minuten braten, dann wenden. Auf diese Weise vier Tortillas herstellen. Dazu schmeckt „Salat quer durch den Garten" (Rezept S. 21).

Topinambur überbacken

Rezept für 4 Personen

500 Gramm Topinambur

1 Bund Frühlingszwiebeln

300 Gramm Lachsfilet

2 Eier

125 Gramm Schlagsahne

Salz

weißer Pfeffer aus der Mühle

1 Bund Schnittlauch

2 Eßlöffel Butter

Die Topinambur etwa 10 Minuten kochen, schälen und in Scheiben schneiden. Die Frühlingszwiebeln putzen, waschen und in Ringe schneiden. Das Lachsfilet würfeln.

Die Eier mit der Sahne, Salz, Pfeffer und dem gehackten Schnittlauch verquirlen.

Die Topinamburscheiben, schuppenförmig in eine gebutterte feuerfeste Form schichten, mit Lachswürfeln und Frühlingszwiebeln bestreuen und die Eiersahne darübergießen. Im vorgeheizten Ofen bei 200 Grad 15 Minuten überbacken.

Topinambur-Tortilla ←

Das große Wurzelgemüse

Schwarzwurzel *Scorzonera hispanica;*
Weißwurzel, Haferwurz *Tragopogon porrifolius*
Korbblütler

Die beiden langen schlanken Wurzeln, die Schwarz- und die Weißwurzel, sind sich nicht zufällig im Aussehen und im Geschmack sehr ähnlich, sie sind botanisch gesehen eng miteinander verwandt.

Beide stammen aus Südeuropa. Während die Weißwurzel oder Haferwurz schon in der Antike als Gemüsepflanze geschätzt wurde, war die Schwarzwurzel eine wilde Schwester, die man allenfalls als Heilpflanze gegen Schlangenbisse verwendete. Die Spanier waren die ersten, die um 1700 damit begannen, sie zu kultivieren.

Heute hat die Schwarzwurzel die Weißwurzel, die nur noch hier und da als Gemüse angebaut wird, völlig verdrängt. Wobei allerdings auch die Schwarzwurzel kein besonders bekanntes Gemüse ist, es sei denn als Schonkost für Kranke. Aber mit dieser Einordnung tut man ihr unrecht, was Sie leicht herausfinden können, wenn Sie eines der folgenden Rezepte ausprobieren.

Als Kind habe ich Schwarzwurzeln, die meine Großmutter immer Winterspargel nannte, nicht besonders gerne gegessen, aber der Geschmack ändert sich mit zunehmendem Alter, und heute koche ich sie häufiger.

Schwarz- und Weißwurzel lassen sich problemlos anbauen, obwohl Sie Geduld haben müssen, denn die Wurzeln entwickeln sich nur langsam. Die Aussaat erfolgt im zeitigen Frühjahr auf tiefgründigem, feinkrümeligen Boden. Sie können abwechselnde Reihen Schwarz- und Weißwurzeln säen. Die beiden Pflanzen lassen sich an den verschieden breiten Blättern erkennen.

Schneiden Sie die Blütenansätze ab, da besonders die Weißwurzel holzig wird, wenn sie geblüht hat. Ab Oktober sind die Wurzeln erntereif. Die Schwarzwurzeln sollten vorsichtig von der Erde gesäubert werden, da ihr weißer Saft leicht austritt und ähnlich wie Löwenzahn häßliche Flecken verursacht.

Schwarzwurzelsorten: Hoffmanns schwarze Pfahl, Duplex, Prodolo.

Weißwurzel: keine Sorten.

→ Zu Unrecht als langweiliges Gemüse bezeichnet, können Schwarzwurzel und Weißwurzel oder Haferwurz mit dem richtigen Rezept zum kulinarischen Erlebnis werden

Pochiertes Putenschnitzel mit Schwarzwurzel-Püree

Rezept für 4 Personen

Saft von 1 Zitrone

500 Gramm Schwarzwurzeln

Salz

750 Milliliter Geflügelfond (Rezept S. 166)

4 Putenschnitzel

4 Eßlöffel Schlagsahne

geriebene Muskatnuß

Zitronenpfeffer (Rezept S.140)

1 Bund Schnittlauch

Etwa 1 Liter Wasser mit dem Zitronensaft vermischen. Die Schwarzwurzeln waschen, schälen, in Stücke schneiden und in das Zitronenwasser legen. Mit einer Prise Salz zum Kochen bringen und in etwa 20 Minuten garen.

Den Geflügelfond erhitzen und das Gemüse hineingeben. Wenn es siedet, die Putenschnitzel zufügen und 12 Minuten darin garen.

Die Schwarzwurzeln abgießen und pürieren. Die Sahne unterziehen und mit Salz, Muskat und Zitronenpfeffer würzen.

Die Putenschnitzel mit dem Schwarzwurzelpüree auf Tellern anrichten. Mit dem gehackten Schnittlauch bestreuen.

Schwarzwurzeln mit Morchelsauce

Rezept für 4 Personen

20 Gramm getrocknete Morcheln

Saft von 1 Zitrone

500 Gramm Schwarzwurzeln

Salz, Pfeffer aus der Mühle

1 Eßlöffel gehackte Schalotte

4 Eßlöffel Olivenöl

2 Eigelb

1 Eßlöffel gehackte Petersilie

160 Gramm Schlagsahne

Die Morcheln in lauwarmem Wasser einweichen. Etwa1 Liter Wasser mit dem Zitronensaft vermischen. Schwarzwurzeln waschen und schälen. In 5 Zentimeter lange Stücke schneiden und in das Zitronenwasser legen. Mit einer Prise Salz zum Kochen bringen und in 20 Minuten garen.

Pilze abspülen und abtropfen lassen. Fein hakken und mit den Schalotten würfeln, in 2 Eßlöffel Öl weich dünsten. Schwarzwurzeln abgießen und im restlichen Öl braten.

Eigelb im Wasserbad schaumig schlagen und andicken lassen. Pilze und Petersilie zufügen. Mit Salz und Pfeffer abschmecken. Schwarzwurzeln auf der Sauce servieren.

→ **Pochiertes Putenschnitzel mit Schwarzwurzel-Püree**

Weißwurzeln mit Schalottenconfit

Rezept für 4 Personen

1½ Kilogramm Weißwurzeln

4 Eßlöffel Zitronensaft, 500 Gramm Schalotten

2 Eßlöffel Sonnenblumenöl

Salz, Pfeffer aus der Mühle

600 Milliliter Gemüsefond (Rezept S. 166)

1 Bund Schnittlauch, 2 Zweige Thymian

1 Knoblauchzehe, 2 Eßlöffel Butter

30 Gramm Zucker

150 Milliliter halbtrockener Sherry

Die Weißwurzeln waschen, schälen, in 4 Zentimeter lange Stücke schneiden und in ½ Liter Wasser legen. 2 Eßlöffel Zitronensaft zufügen.

2 Schalotten pellen, würfeln und im Öl glasig dünsten. Weißwurzeln abtropfen lassen, trockentupfen und zufügen. Mit Salz und Pfeffer würzen und 1 Eßlöffel Zitronensaft darüberträufeln.

200 Milliliter Fond zufügen und etwa 15 Minuten köcheln lassen. Wieder 200 Milliliter Fond zufügen und wieder 15 Minuten köcheln lassen. Schließlich den Rest zugießen und bei milder Hitze so lange köcheln lassen, bis die Flüssigkeit verdampft ist. Mit gehacktem Schnittlauch bestreuen.

Inzwischen die restlichen Schalotten und den Knoblauch pellen, fein würfeln und in der Butter glasig dünsten. Den Zucker darüberstreuen und leicht karamelisieren lassen. Thymianblättchen abzupfen und zufügen, mit dem Sherry aufgießen und in etwa 10 Minuten bei gelegentlichem Rühren sämig einkochen lassen.

Die Weißwurzeln auf einer Platte anrichten und das Schalottenconfit darübergeben.

Fritierte Weißwurzeln

Rezept für 4 Personen

150 Gramm Weizenmehl

200 Milliliter Apfelwein

1 kg Weißwurzeln

Saft von 1 Zitrone

Salz

2 Eiweiß

Öl zum Fritieren

Das Mehl mit dem Apfelwein zu einem glatten Teig verrühren und 1 Stunde ruhen lassen.

1 Liter Wasser mit dem Zitronensaft mischen. Die Weißwurzeln waschen, schälen, in 5 Zentimeter lange Stücke schneiden und in dem Zitronenwasser mit 1 Teelöffel Salz 15 Minuten kochen. Abkühlen lassen. Die Schwarzwurzeln abgießen und gut abtropfen lassen.

Eiweiß mit 1 Prise Salz steif schlagen und unter den Teig ziehen.

Das Öl in der Friteuse auf 180 Grad erhitzen. Die Schwarzwurzeln in den Teig tauchen und portionsweise schwimmend ausbacken.

Zum Abtropfen auf Küchenkrepp legen. Dazu Joghurtmayonnaise mit Kräutern (Rezept S. 169) reichen.

→ **Weißwurzeln mit Schalottenconfit**

Der Kürbis

Im Märchen von Cinderella wird durch Zauberkunst aus dem plumpen Gartenkürbis eine elegante Kutsche. Eine ähnliche Metamorphose erfährt der Kürbis auch heute in der Küche, wo sich sein eher langweilig schmeckendes, mildes und leicht süßes Fruchtfleisch durch Kochkunst in köstliche Gratins, cremige Suppen und himmlische Desserts verwandelt.

Der Kürbis

Riesenkürbis *Curcurbita maxima;*
Gemüsekürbis *Curcurbita pepo*
Kürbisgewächse

Kaum ein anderes Gemüse der Neuen Welt hat so kurz nach seiner Entdeckung eine dermaßen steile Karriere gemacht wie der Kürbis. Nur 50 Jahre nachdem Kolumbus dieses Gemüse zum ersten Mal gegessen hatte, war der Kürbis in den Gärten Europas ein Star.

Kein Wunder, er ist ein besonders attraktiver Geselle. 1543 wurden in einem deutschen Kräuterbuch bereits mehrere Sorten erwähnt. Und heute finden wir ihn in den gemäßigten Zonen der ganzen Welt in unzähligen Formen und vielen Farben.

In den USA kommt der gelbrote Riesenkürbis einmal im Jahr zu ganz besonderen Ehren: Am 31. Oktober ist Halloween, die Nacht der bösen Geister. Der ausgehöhlte Kürbis wird zu einer Fratze geschnitzt und mit einer Kerze, die ihn von innen leuchten läßt, vor die Tür gestellt, damit das Haus nicht vom Spuk heimgesucht wird.

Aus dem Kürbisfleisch wird traditionell der berühmte „Pumpkin Pie" gebacken (Rezept S. 126). Darüber hinaus gibt es in der süßen und pikanten Küche Nordamerikas viele leckere Kürbisrezepte. Auch bei unseren Nachbarn spielt der Kürbis eine lohnende Rolle. In Frankreich und Italien wird nicht nur die Kürbisfrucht, sondern es werden sogar seine pikant gefüllten Blüten gegessen. Die Kerne gibt es geröstet und gesalzen zum Knabbern. Und in der Steiermark wird aus den Kernen das berühmte wohlschmeckende Kernöl gepreßt. Bei uns fristet der Kürbis fast ausschließlich ein süßsaures Dasein. Und das ist schade, denn kaum ein anderes Gemüse ist vielfältiger zu verwenden und nur wenige haben ein so ausgewogenes Vitamin- und Mineralstoffangebot wie der Kürbis.

Man kann den Kürbis durchaus als pflegeleichte Gartenpflanze bezeichnen. Solange er es im Halbschatten, am liebsten in der Nähe des Komposthaufens, warm und feucht hat, gedeiht er prächtig. Der Boden sollte viel Stickstoff, Phosphor und Kali enthalten und einen pH-Wert zwischen 6 und 7,5 haben.

Die Pflanzen werden im Frühjahr in Töpfen gezogen und Mitte Mai in den Garten gepflanzt. Wer einen echten Riesenkürbis heranziehen will, zupft alle, bis auf die größte Blüte ab. Sollten sich kleine Früchte bilden, werden auch sie entfernt, damit die Pflanze ihre ganze Kraft in die eine Frucht steckt. Vier Monate später ist es dann soweit, der Kürbis ist orangerot und hat einen holzigen Stiel, den man am besten mit einer Gartenschere durchtrennt. Auch die grünen, grün-weißen oder gelben Gemüsekürbisse können ab Ende September geerntet werden.

Sorten: Riesenkürbis: Gelber Zentner, Riesen Melonen und Rouges vif d'Etampes.

Gemüsekürbis: Squash oder Patisson, Butternut, Zucchini.

→ **Ein warmer Platz und ein nahrhafter Boden sind die beste Voraussetzung für schmackhafte Gartenkürbisse**

Kürbissuppe

REZEPT FÜR 4 PERSONEN

1 Kilogramm Kürbis

2 mehligkochende Kartoffeln

1 kleine Stange Lauch

3 Eßlöffel Butter

½ Teelöffel Kümmel

1 Teelöffel Korianderköner

5 Pfefferkörner

1 Liter Gemüsefond (Rezept S. 166)

125 Gramm Schlagsahne

½ Bund Petersilie

2 Thymianzweige

Den Kürbis vierteln und schälen, die Kerne und Fasern entfernen (Kerne beiseitelegen). Das Kürbisfleisch in kleine Stücke schneiden. Die Kartoffeln schälen und würfeln. Den Lauch waschen, putzen, in Ringe schneiden und in einem Topf in der Butter glasig dünsten. Kümmel, Koriander und Pfeffer im Mörser zerstoßen. Mit dem Kürbis und den Kartoffeln zum Lauch geben und zugedeckt etwa 20 Minuten bei schwacher Hitze dünsten. Den Gemüsefond dazugießen und aufkochen lassen. Dann ohne Deckel etwa 20 Minuten ziehen lassen. Die Suppe mit dem Pürierstab pürieren. Die Kürbiskerne in einer beschichteten Pfanne rösten. Die Sahne schlagen. Die Kürbisuppe auf vorgewärmte Teller verteilen. Mit den Kürbiskernen, je 1 Eßlöffel Schlagsahne und den abgezupften Kräutern bestreuen. Dazu frisches Baguette.

Gratinierter Kürbis

REZEPT FÜR 4 PERSONEN

1 Kürbis (ca. 3 Kilogramm)

150 Gramm Toastbrot in Scheiben

3 Knoblauchzehen

300 Gramm geriebener Käse

200 Gramm Crème fraîche

Salz, frisch geriebene Muskatnuß

Pfeffer aus der Mühle

Backofen auf 175 Grad vorheizen. Den ganzen Kürbis waschen. Dort, wo der Stiel ist, einen Deckel abschneiden und beiseitelegen. Die Kerne und das faserige Innere sorgfältig entfernen. Die Toastbrotscheiben rösten und in Würfel schneiden. Die Knoblauchzehen pellen und fein würfeln. Ein Viertel der Brotwürfel in den Kürbis füllen, mit einem Viertel der gewürfelten Knoblauchenzehen, einem Viertel Reibkäse bestreuen, 2 Eßlöffel Crème fraîche darüber verteilen und mit Salz und Muskat würzen. Das ganze dreimal wiederholen. Der Kürbis sollte etwa dreiviertel gefüllt sein. Den Deckel daraufsetzen und den ganzen Kürbis in Alufolie wickeln. Auf die unterste Schiene in den Ofen schieben und etwa 2 Stunden backen. Zum Servieren Folie und Deckel entfernen und mit einem Löffel das Kürbisfleisch vorsichtig lösen und mit der Brot-Käse-Mischung vermengen. Mit Pfeffer bestreuen.

→ **Kürbissuppe**

Pumpkin Pie

REZEPT FÜR EINE PIEFORM
VON 26 ZENTIMETER DURCHMESSER

750 Gramm gelbrotes Kürbisfleisch

1 Portion Mürbteig mit Mandeln (Rezept S. 170)

200 Gramm Zucker

½ Teelöffel Salz

1 Teelöffel gemahlener Zimt

½ Teelöffel geriebene Muskatnuß

½ Teelöffel gemahlener Ingwer

3 Eier

150 Gramm Schlagsahne

150 Milliliter Milch

Außerdem:

Mandelstifte, Puderzucker

Das kleingewürfelte Kürbisfleisch in ¼ Liter Wasser weich kochen. Noch heiß mit dem Stabmixer pürieren und unter Rühren zu einem dicken Mus einkochen und dann erkalten lassen. Den Teig rund ausrollen und eine Pieform damit auskleiden. Dabei den Rand hochziehen. Zugedeckt kalt stellen. Ofen auf 200 Grad vorheizen. Kürbismus mit Zucker, Salz, Zimt, Ingwer und Muskat verrühren. Die Eier leicht verschlagen und unter das Kürbismus ziehen. Sahne und Milch zusammengießen, in das Kürbismus einrühren. Mischung auf den Teig gießen und 25–30 Minuten backen. Den fertigen Pie herausnehmen, abkühlen lassen und mit gerösteten Mandelstiften und Puderzucker bestreuen.

Kürbisgemüse

REZEPT FÜR 4 PORTIONEN

500 Gramm gelber Kürbis

500 Gramm Bischofsmützen

Salz, Pfeffer aus der Mühle

4 Eßlöffel Olivenöl

1 Eßlöffel Butter

2 Knoblauchzehen

1 Bund Basilikum

Kürbis und Bischofsmützen waschen, putzen und entkernen. In kleine Würfel schneiden, salzen und pfeffern. Öl und Butter in einer Bratpfanne erhitzen. Das Gemüse darin unter Wenden bei schwacher Hitze anbraten. Gepellten und in dünne Scheiben geschnittenen Knoblauch zufügen. Kürbis so lange braten, bis alle Flüssigkeit verdampft ist und er leicht Farbe angenommen hat. In eine Schüssel geben und fein geschnittene Basilikumblätter darüberstreuen.

→ **Pumpkin Pie**

Kürbiskrapfen

ZUTATEN FÜR 4 PORTIONEN

750 Gramm gelbes Kürbisfleisch

50–75 Gramm brauner Zucker

1 Päckchen Vanillezucker

40 Gramm frische Hefe

2 Eßlöffel Milch

250 Gramm Mehl

1 Teelöffel Zimt

Außerdem:

Öl zum Fritieren

1 Teelöffel Zimt, 4 Eßlöffel Zucker

Das Kürbisfleisch kleinschneiden, mit 3 Eßlöffeln Zucker und dem Vanillezucker zugedeckt weichgaren. Den Deckel entfernen und gut ausdampfen lassen. Den Kürbis mit dem Mixstab pürieren oder durch die Kartoffelpresse drücken. Das Mus in ein feinmaschiges Sieb geben und gut abtropfen lassen. Die Hefe zerbröckeln, mit der Milch glattrühren und unter das Kürbismus mischen. Dann das Mehl nach und nach dazusieben und den Zimt zufügen. Alles zu einem dickflüssigen Teig verarbeiten. Zugedeckt bei Zimmertemperatur auf das Doppelte gehen lassen. Öl auf 180 Grad erhitzen. Mit zwei Eßlöffeln Nocken abstechen und goldbraun ausbacken. Dabei wenden. Auf Küchenkrepp abtropfen lassen. Zimt und Zucker mischen, die Krapfen damit bestreuen und sofort servieren.

Kürbis-Möhrenpfanne

REZEPT FÜR 4 PERSONEN

500 Gramm gelber Kürbis

500 Gramm Möhren

4 Eßlöffel Olivenöl

1 Zweig Rosmarin

1 Schuß Weißwein

Salz, Pfeffer aus der Mühle

3 Knoblauchzehen

2 Eßlöffel gehackte Petersilie

½ Bund Basilikum

50 Gramm Pinienkerne

Den Kürbis schälen und entkernen. Die Möhren schälen. Beide Gemüse in dünne Scheiben schneiden.

Das Öl in einer Pfanne erhitzen, das Gemüse und den Rosmarin hineingeben und unter Wenden braten. Den Wein dazugießen, das Gemüse darin schmoren lassen und gelegentlich wenden, bis es leicht gebräunt ist. Mit Salz und Pfeffer würzen.

Knoblauch fein würfeln und mit der Petersilie unter das Gemüse rühren. Das Basilikum hacken und vor dem Servieren mit den Pinienkernen über das Gemüse streuen.

→ **Kürbis-Möhrenpfanne**

Gefüllte Kürbisblüten

REZEPT FÜR 4 PERSONEN

12 schöne Kürbisblüten

300 Gramm Kürbis

2 Schalotten

2 Knoblauchzehen

2 Eßlöffel Olivenöl

150 Gramm Lammhackfleisch

Salz, Pfeffer aus der Mühle

1 Zweig Rosmarin

1 Eßlöffel Butter

250 Milliliter Fleischfond (Rezept S. 167)

250 Milliliter Sherry medium

200 Gramm Schlagsahne

1 Eßlöffel kalte Butter

Die Blüten ausschütteln, vorsichtig öffnen und die Stempel entfernen. Kürbis entkernen, schälen und klein schneiden. Schalotten und Knoblauch pellen und fein würfeln.

Das Öl erhitzen, Schalotten und Knoblauch darin glasig dünsten. Lammfleisch zufügen und bräunen. Den Kürbis hineingeben, mit Salz und Pfeffer würzen und 10 Minuten schmoren.

Die Mischung abkühlen lassen und in die vorbereiteten Blüten füllen. Die Blüten an den Spitzen zusammendrehen und nebeneinander in eine ausgebutterte feuerfeste Form legen. Zugedeckt im vorgeheizten Ofen bei 175 Grad 20 Minuten garen.

Fleischfond und Sherry in einem Topf auf die Hälfte einkochen lassen. Die Sahne unterziehen, mit Salz und Pfeffer würzen und die Butter flöckchenweise darunterschlagen.

Kürbiskompott mit Feigen

FÜR 3 GLÄSER À ½ LITER

750 Gramm Kürbis

Salz

750 Gramm frische Feigen

750 Milliliter Weißweinessig

500 Milliliter Weißwein

4 Vanilleschoten

2 Lorbeerblätter

500 Gramm brauner Zucker

Den Kürbis halbieren, entkernen und Kugeln ausstechen. Portionsweise in siedendem Salzwasser blanchieren. Herausnehmen, kalt abschrecken und gut abtropfen lassen.

Die Feigen waschen, trockentupfen und vierteln. Den Essig mit Weißwein, aufgeschlitzten Vanilleschoten und den Lorbeerblättern aufkochen und etwa 10 Minuten köcheln lassen.

Den Kürbis und die Feigen in eine feuerfeste Schüssel geben und die aufgekochte Flüssigkeit darübergießen. Zugedeckt 24 Stunden bei Zimmertemperatur stehen lassen.

Die Flüssigkeit in einen Topf gießen, mit dem Zucker vermischen und aufkochen. Kürbis und Feigen darin portionsweise glasig kochen und in die vorbereiteten Gläser füllen.

Den Sirup bei großer Hitze einkochen und auf die Gläser verteilen. Sofort luftdicht verschließen und abkühlen lassen.

→ **Kürbiskompott mit Feigen**

Marinierter Kürbis

REZEPT FÜR 4 PERSONEN

750 Gramm Eierkürbisse

2 Bund Frühlingszwiebeln

2 Stangen Staudensellerie

4 Knoblauchzehen

6 Eßlöffel Olivenöl

Saft von 2 Zitronen

125 Milliliter trockener Weißwein

1 kleiner Bund Petersilie

2 Zweige Thymian

1 Lorbeerblatt

Salz, Pfeffer aus der Mühle

Die Kürbisse halbieren, entkernen, schälen und würfeln. Die Frühlingszwiebeln waschen, putzen und in etwa 3 Zentimeter lange Stücke schneiden.

Den Staudensellerie und den gepellten Knoblauch in dünne Scheiben schneiden.

Das Gemüse im erhitzten Öl etwa 10 Minuten dünsten. Mit Zitronensaft und Wein ablöschen. Kräuter, Salz und Pfeffer zufügen und das Gemüse zugedeckt bei kleiner Hitze schmoren. Lauwarm oder kalt servieren.

Kürbis-Puffer

REZEPT FÜR 4 PERSONEN

1 kg Kürbis

Salz, Pfeffer aus der Mühle

5 gehäufte Eßlöffel Mehl

250 Gramm Schafskäse

3 Eier

½ Bund Dill

4 Eßlöffel Olivenöl

Den Kürbis entkernen, schälen und raspeln. Die Raspel mit etwas Salz bestreuen und Saft ziehen lassen.

Die Kürbisraspel in einem Mulltuch gut ausdrücken und in eine Schüssel geben. Das Mehl darübersieben. Den grob geriebenen Käse, die verquirlten Eier und den gehackten Dill zufügen und zu einem Teig verarbeiten. Mit wenig Salz und Pfeffer würzen.

Den Teig zu kleinen Puffern formen und sie im heißen Olivenöl portionsweise auf beiden Seiten goldbraun braten. Vor dem Servieren mit etwas gehacktem Dill bestreuen.

→ **Marinierter Kürbis**

Kürbis-Konfitüre

Für 3 Gläser à ½ Liter

1 ½ Kilogramm Kürbis

3 unbehandelte Zitronen

750 Gramm Gelierzucker

Den Kürbis vierteln, entkernen, schälen und in kleine Würfel schneiden. Die Zitronen waschen und mit der Schale in sehr dünne Segmente schneiden.

Die Kürbiswürfel und die Zitronenschnitze in 100 Milliliter Wasser aufkochen und 25 Minuten zugedeckt köcheln lassen.

Den Gelierzucker zufügen und unter ständigem Rühren zum Kochen bringen. Etwa 5 Minuten sprudelnd kochen lassen. Sofort in die vorbereiteten Gläser füllen und luftdicht verschließen.

Eier im Nest

Rezept für 4 Personen

4 kleine Bischofsmützen

1 Liter Gemüsefond (Rezept S. 166)

1 Eßlöffel Butter

Salz, weißer Pfeffer aus der Mühle

4 Eßlöffel frisch gehackte Gartenkräuter

8 Eier

8 Eßlöffel frisch geriebener Parmesan

Von den Bischofsmützen einen Deckel abschneiden. Die Kerne und das faserige Innere entfernen. Die Kürbisse in dem heißen Gemüsefond 10 Minuten garen. 1 Tasse Fond abnehmen, den Rest wegschütten.

Die abgetropften Kürbisse in eine ausgebutterte feuerfeste Form setzen, mit Salz, Pfeffer, jeweils ½ Eßlöffel gehackten Kräutern und 1 Eßlöffel Parmesan ausstreuen.

Die aufgeschlagenen Eier auf die Kürbisse verteilen. Den restlichen Käse darüberstreuen und die beiseitegestellte Brühe angießen.

Die Form mit Alufolie bedecken und im vorgeheizten Ofen bei 220 Grad 20 Minuten backen, die Folie entfernen und nochmals 10 Minuten backen. Die restlichen Kräuter daraufstreuen und mit geröstetem Baguette servieren.

Eier im Nest ←

Die Eßkastanie

Eßkastanien, Maronen oder Maroni zählen zu den kulinarischen Herbstgenüssen und gelten seit jeher als vorzügliche Beilage zu Wild und Geflügel. In seinen „Gastronomischen Proben" nennt Brillat-Savarin „einen zahmen Truthahn mit Lyoner Kastanien gefüllt" als vorzügliches Versuchstück, einen Feinschmecker des französischen Mittelstands zu begeisterten Ausrufen zu bewegen.

Die Eßkastanie

Castanea sativa
Buchengewächse

Wo der Wein gedeiht, gedeiht auch die Edelkastanie – beide lieben das gleiche, warme Klima, beide gelangten durch die Römer zu uns, beide finden sich das ganze Jahr über vereint: Beim herbstlichen Weinfest schmecken zum neuen und zum alten Wein die heißen Maroni, in den Weinfässern aus Eßkastanienholz lagert der Wein bis zur vollendeten Reife.

Die Eßkastanie gehört im Unterschied zur Roßkastanie, die eine eigene Familie repräsentiert, botanisch zu den Buchengewächsen. Sie stammt wohl aus Kleinasien, ist seit dem 5. Jahrundert v. Chr. im gesamten Mittelmeerraum verbreitet und kann bis zu 30 Meter hoch werden. Die aufrechten Blütenkätzchen erscheinen Mitte bis Ende Juni. Die braunen Früchte sitzen in grünen stacheligen Hüllen und fallen bei guter Witterung im Oktober/November. Die stärke- und eiweißhaltigen Samen enthalten kaum Fett. Sie schmecken roh ziemlich herb und gewinnen erst durchs Kochen oder Rösten ihren typisch nussigen Geschmack.

Der wichtigste kulinarische Partner der Eßkastanie ist das Wild, vor allem das Wildgeflügel. Man verwendet die Früchte für Füllungen oder als Beilage. Beliebte Zubereitungen sind kandierte oder glasierte Maronen und das mit Butter und Sahne zubereitete Maronenpüree.

In manchen Regionen, so zum Beispiel auf Korsika, stellt man aus Eßkastanien ein Mehl her, das Suppen und Brotteig zugesetzt wird. Zwei Dutzend Eßkastanienbäume, so heißt es dort, ernähren eine große Familie und einige Ziegen. In den Mittelmeerländern bereitet man auch süße Aufstriche und Liköre aus den Früchten.

Berühmt für seine besonders schmackhaften Eßkastanien ist das Dorf Castasegna im schweizerischen Bergelltal.

Die Kastanienbäume meiner Kindheit standen oberhalb einer Bahnlinie, die in einen Tunnel führte. Dahinter lag Belgien. An so manchem warmen Oktobertag sammelte ich die Eßkastanien mit ihren stacheligen Hüllen und trug sie in meiner Schürze nach Hause. Meine Großmutter verwandelte sie in herrliche Süßspeisen oder Kuchen. Die Suppen und Beilagen lernte ich erst später zu schätzen.

Obwohl Maroni das ganze Jahr über in Dosen angeboten werden, und zwar süß, natur und als Püree, schmecken sie frisch am besten. Allerdings ist das Schälen etwas arbeitsaufwendig. Man ritzt die Früchte vorher kreuzweise ein und kocht sie etwa 15 Minuten ab oder gibt sie für 10 Minuten bei 220 Grad in den Backofen.

→ Die Eßkastanie ist ein prachtvoller Baum für Gärten, Parks und Laubwälder

Maronensuppe

Rezept für 4 Personen

1 Kilogramm Maronen

500 Milliliter Cidre

750 Milliliter Milch

Salz

Zitronenpfeffer

Die Maronen waschen und kreuzweise einschneiden. In reichlich siedendem Wasser etwa 15 Minuten kochen. So heiß wie möglich schälen und dabei auch die braunen Häutchen entfernen. Einige Maronen zum Garnieren beiseite legen und den Rest mit dem Cidre aufsetzen und etwa 15 Minuten köcheln. Milch zufügen und nochmals 15–20 Minuten garen. Die Maronen mit dem Stabmixer pürieren, notfalls noch etwas Milch zufügen. Mit Salz und Zitronenpfeffer abschmecken. Die beiseitegelegten Maronen würfeln und auf die Suppe streuen. Mit geröstetem Stangenweißbrot servieren.

Wenn Sie keinen **Zitronenpfeffer** bekommen können, dann stellen Sie ihn einfach selbst her: Sie zerstoßen 1 Eßlöffel Pfefferkörner in einem Mörser und vermischen sie mit dem Abgeriebenen einer unbehandelten Zitrone. Was Sie nicht verwenden, läßt sich in einem verschließbaren Gewürzglas etwa 2 Wochen aufbewahren. Genauso können Sie auch Orangenpfeffer und Knoblauchpfeffer herstellen.

Maronen mit Fenchel

Rezept für 4 Personen

1 Kilogramm frische Maronen

2 Fenchelknollen mit Kraut

10 kleine Schalotten

75 Gramm Butter

1 Eßlöffel Olivenöl

250 Milliliter trockener Weißwein

250 Milliliter Gemüsefond (Rezept S. 166)

Die Maronen waschen und kreuzweise einschneiden. In reichlich siedendem Wasser etwa 10 Minuten kochen. So heiß wie möglich schälen und dabei auch die braunen Häutchen entfernen. Den Fenchel waschen, putzen und halbieren. Das Fenchelgrün abschneiden und beiseite legen. Den Fenchel längs in dünne Streifen schneiden. Die Schalotten schälen und mit den Fenchelstreifen in 2 Eßlöffel Butter und dem Olivenöl dünsten. Die Maronen zufügen und mitdünsten. Mit dem Wein ablöschen und zugedeckt etwa 35 Minuten garen. Dabei nach und nach den Gemüsefond zugießen. Die restliche Butter in Flöckchen untermischen und mit Salz und Pfeffer würzen. Das Fenchelkraut hacken und darüberstreuen.

→ **Maronen mit Fenchel**

Maronen-Apfel-Kompott

Rezept für 4 Personen

750 Gramm Maronen

1 Vanilleschote

200 Milliliter naturtrüber Apfelsaft

30 Milliliter Calvados

100 Gramm Puderzucker

4 kleine Boskopäpfel

Saft von 1 Zitrone

150 Gramm Schlagsahne

2 Tütchen Vanillezucker

Die Maronen waschen und kreuzweise einschneiden. In reichlich siedendem Wasser etwa 10 Minuten kochen. So heiß wie möglich schälen und dabei auch die braunen Häutchen entfernen. Die Vanilleschote aufschlitzen und mit dem Apfelsaft, Calvados und Puderzucker in einem Topf 10 Minuten leicht köcheln lassen. Die Maronen zufügen und 20 Minuten darin garen. Die Äpfel waschen, achteln und das Kerngehäuse entfernen. Mit Zitronensaft beträufeln. In den Topf geben und 15 Minuten mitkochen. Die Sahne steif schlagen und nach und nach den Vanillezucker zufügen. Das Maronen-Apfel-Kompott auf vier Teller verteilen und mit jeweils einem Klacks Sahne servieren.

Maronen-Parfait

Rezept für 4 Personen

4 Eigelb

150 Gramm Zucker

1 Vanilleschote

100 Milliliter Milch

500 Gramm Maronenpüree

30 Milliliter Kirschwasser

200 Gramm Schlagsahne

2 Eiweiß

50 Gramm Zucker, 3 Eßlöffel Butter

100 Gramm gehobelte Haselnüsse

Das Eigelb mit 100 g Zucker schaumig rühren. Die Vanilleschote aufschlitzen und in der Milch aufkochen.

Die Milch durch ein Sieb gießen. Die Creme im heißen Wasserbad dick aufschlagen und dabei nach und nach die Milch zugießen. Vom Herd nehmen, abkühlen lassen. Das Maronenpüree mit dem Kirschwasser vermischen und unter die Eicreme rühren. Sahne schlagen und ebenfalls unter die Creme heben. Eiweiß mit dem restlichen Zucker steif schlagen und als letztes unter die Creme ziehen. In eine Schüssel füllen und 6 Stunden gefrieren lassen.

Den Zucker in der leicht erhitzten Butter schmelzen. Haselnußblättchen zufügen und karamelisieren lassen. Parfait auf vier Schalen verteilen und je 1 Eßlöffel Haselnußkrokant daraufgeben.

→ **Maronen-Parfait**

Die Kräuter

Ohne sie wäre auch die vielfältigste Gemüseküche auf die Dauer langweilig. Mit der geringsten Menge von Kräutern aber schmeckt dasselbe Gemüse immer wieder anders. Kräuter fordern zur Kreativität heraus und machen das Kochen zum Abenteuer. Und an dem gekonnten Einsatz der Kräuter erkennt man gute Köchinnen und Köche.

Bärlauch

Allium ursinum

Liliengewächse

Obwohl er ein wildwachsender Bruder des Knoblauchs ist, hat er das feinere Aroma und ist auch für viele besser verträglich. Er wächst in lichten Laubwäldern, und schon im April wird Sie sein unverkennbarer Duft zu ihm führen. Aber bitte nicht pflücken, denn Bärlauch steht seit einigen Jahren auf der Roten Liste der gefährdeten Pflanzen. Sie dürfen aber, sobald er geblüht hat, den Bärlauchsamen sammeln. Säen Sie ihn im Oktober/November in humosen Boden an einem halbschattigen Platz aus. Ende März werden Sie dann die ersten Bärlauchblättchen schneiden können.

Bärlauch wird wie Schnittlauch verwendet, das heißt nicht gekocht, sondern ganz oder fein geschnitten, auf Suppen, Salate oder einfach nur aufs Butterbrot gestreut.

Bärlauch-Pesto

Ein Pesto, daß sich durch die eigenwillige Note des Bärlauchs erheblich vom Original (mit Knoblauch und Basilikum) unterscheidet.

REZEPT FÜR 4 PERSONEN

75 Gramm Bärlauch

75 Gramm glatte Petersilie

60 Gramm Pinienkerne

1 Teelöffel Salz

30 Gramm Pecorino

100 Gramm geriebener Parmesan

250 Milliliter Olivenöl

Den Bärlauch und die Petersilie waschen, trockentupfen und mit den Pinienkernen im Mixer zerkleinern. Salz, Käse und schließlich das Olivenöl zufügen und pürieren. Zu Spaghetti oder ganz einfach auf Brot, das in Olivenöl geröstet wurde.

Suppe von vergessenen Gemüsen mit Bärlauch

Dieses Suppenrezept vom Titelfoto hat der Food-Stylist Karl Newedel, der mir während meiner Zeit als Food-Redakteurin viele gute Tips gegeben hat, für dieses Buch kreiert.

REZEPT FÜR 4 PERSONEN

200 Gramm Kürbis, 200 Gramm Teltower Rübchen

200 Gramm Topinambur

200 Gramm kleine Brokkoliröschen

1 Zwiebel

100 Gramm geräucherter, durchwachsener Speck

3 Eßlöffel Butter, 1½ Liter Fleischfond

1 kleines Glas Rote Bete

50 Gramm Barba di fratte (Kapuzinerbart, kommt aus Italien auf unsere Märkte)

8 Blätter Bärlauch

½ Bund Winterportulak

Gänseblümchen zum Garnieren

Salz, Pfeffer aus der Mühle

Den Kürbis entkernen, schälen, die Teltower Rübchen und Topinambur waschen und schälen, Brokkoli waschen. Alle Gemüse kleinschneiden.

Die Zwiebel pellen und würfeln. Den Speck in Streifen schneiden und mit den Zwiebelwürfeln in der Butter glasig dünsten. Die Gemüsewürfel zufügen, mit dem Fleischfond aufgießen und 20 Minuten köcheln lassen.

Die Rote Bete abgießen und zufügen. Barba di fratte, Bärlauch und Winterportulak waschen, trockentupfen und zur Suppe geben. Nicht mehr kochen. Mit Salz und Pfeffer würzen und mit Gänseblümchen garniert servieren.

Beifuß

Artemisia vulgaris

Korbblütler

Beifuß wird heute nur noch von wenigen Feinschmeckern geschätzt, die meisten halten den Wermutverwandten für ein Unkraut, das wild an Wegrändern und auf Geröllhalden wächst. Die Germanen und Kelten jedoch verehrten dieses Kraut als „Mutter aller Kräuter“ und bekränzten sich mit ihm zum Schutz gegen Dämonen während der Mittsommernacht.

Anders als bei vielen anderen Kräutern, deren Blätter man verwendet, wartet man beim Beifuß auf seine Blüte. Die Blütenstengel werden gepflückt und getrocknet. Er ist alles andere als ein Universalkraut, aber bei manchen Gerichten ist er ein Muß, beispielsweise beim Gänsebraten, deshalb heißt er auch Gänsekraut. Auch Lamm- und Schweinefleisch bekommen durch Beifuß eine pikante Note.

Im April ausgesät, können Sie ihn im September schneiden und trocknen. Dann haben Sie ihn im Herbst und Winter, in der Zeit der deftigen Braten, zur Hand.

Gänseschmalz

Rezept für 3 Töpfchen à 125 Milliliter

1 Apfel

1 Zwiebel

125 Gramm Flomen

(Schweinefett, gibt es beim Schlachter)

2 Stengel Beifuß

250 Gänsefett (von der Weihnachtsgans)

Den Apfel waschen, entkernen und fein würfeln. Die Zwiebel pellen und ebenfalls würfeln. Den Flomen in einer Pfanne auslassen, Apfel- und Zwiebelwürfel zufügen und den Beifuß einstreuen. 5 Minuten bei mittlerer Hitze braten. Das Gänsefett zufügen und nochmals 5 Minuten braten. Etwas abkühlen lassen. Das noch flüssige Fett durchsieben, in kleine Steinguttöpfen füllen und fest werden lassen.

Schweinebraten, so wie ihn meine Großmutter machte

Rezept für 4 Personen

1 Kilogramm Schweineschulter

2 Eßlöffel Schweineschmalz

Salz, Pfeffer aus der Mühle

2 Zwiebeln

2 Möhren

1 Stück Sellerie

3 Stengel Beifuß

500 Milliliter Fleischfond (Rezept S. 167)

Die Schwarte der Schweineschulter vom Metzger kreuzweise einschneiden lassen – er hat die schärferen Messer. Den Braten mit Salz und Pfeffer einreiben.

Das Schmalz erhitzen und das Fleisch von allen Seiten kräftig anbraten. Die Zwiebel pellen, die Möhren und den Sellerie schälen. Die Gemüse kleinschneiden, zum Fleisch geben und kurz mitbraten.

Etwas Fond angießen und zum Kochen bringen. Den Beifuß zufügen, den Braten in den vorgeheizten Ofen stellen und bei 200 Grad etwa 2 Stunden braten. Nach und nach den Fond angießen. Ob das Fleisch gar ist, kann man am besten mit einem Fleischthermometer kontrollieren.

Dazu werden Salzkartoffeln und Leipziger Allerlei serviert.

Bohnenkraut

Satureja hortensis

Lippenblütler

Wer als erster Bohnen mit diesem wunderbaren Kraut gewürzt hat, ist nicht überliefert. Aber man weiß, daß schon die Ärzte der Antike und des Mittelalters seine verdauungsfördernde Wirkung kannten, und das ist ja besonders bei getrockneten Bohnen nicht ganz unwichtig.

Ursprünglich im östlichen Mittelmeerraum beheimatet, ist Bohnenkraut aber schon sehr lange bei uns bekannt. Es schmeckt nicht nur mit Bohnen, sondern mit vielen Hülsenfrüchten, vor allem Erbsen, und gehört auch in Lamm- oder Rindfleischeintöpfe. Magenempfindliche nehmen es als Pfeffer-Ersatz.

Säen Sie es im April an einen sonnigen Platz. Kurz vor der Blüte schneiden Sie es ab. Frisch schmeckt es zwar wie fast alle Kräuter am besten, aber es eignet sich gut zum Trocknen.

Bohnensalat mit Tomaten-Vinaigrette

Rezept für 4 Personen

600 Gramm grüne Bohnen

3 Tomaten

4 Zweige Bohnenkraut

2 Eßlöffel Rotweinessig

6 Eßlöffel Olivenöl

Salz, Pfeffer aus der Mühle

Bohnen waschen, Enden abschneiden und in Salzwasser etwa 10 Minuten bißfest garen. Abgießen. Die Tomaten quer halbieren und die Kerne ausdrükken. Das Tomatenfleisch in kleine Würfel schneiden.

Das Bohnenkraut waschen, trockentupfen, die Blättchen abzupfen, hacken und mit den Tomatenwürfeln vermischen.

Essig und Olivenöl zu einer Emulsion verquirlen und mit Salz und Pfeffer abschmecken. Mit den Tomatenwürfeln und dem Bohnenkraut vermischen und unter die noch warmen Bohnen heben. 1 Stunde im Kühlschrank ziehen lassen.

Erbsensuppe mit Bohnenkraut

Noch ein Rezept meiner Großmutter

Rezept für 4 Personen

500 Gramm getrocknete grüne Erbsen,

über Nacht in reichlich Wasser eingweicht

100 Gramm geräucherter Speck

2 Zwiebeln

1 Stück Sellerie

1 Liter Fleischfond (Rezept S. 167)

1 Schinkenknochen vom geräucherten Schinken

3–4 Stengel Bohnenkraut

3 Kartoffeln

Salz, Pfeffer aus der Mühle

Die Erbsen abgießen und abtropfen lassen. Den Speck in Würfel schneiden und in einem großen Topf bei geringer Temperatur auslassen.

Die Zwiebeln pellen, den Sellerie schälen, beides würfeln und in dem Fett glasig dünsten.

Den Fleischfond und 1 Liter Wasser zugießen. Die Erbsen, den Schinkenknochen und das Bohnenkraut zufügen.

Die Kartoffeln schälen, klein würfeln und in die Suppe geben. Alles bei kleiner Hitze etwa 1½ Stunden kochen lassen. Eventuell etwas Fleischfond nachgießen. Mit Salz und Pfeffer würzen.

Borretsch

Borago officinalis

Rauhblattgewächse

Borretsch ist ein echtes Sommerkraut, nicht nur wegen seines erfrischenden Geschmacks. Im Gegensatz zu vielen anderen Kräutern kann man ihn nur frisch verwenden.

Seine haarigen Blätter lassen nicht vermuten, was für ein tolles Aroma sie – nicht nur an Gurkensalat – abgeben. Kartoffelsalat mit gehacktem Borretsch schmeckt einfach wunderbar und in der Grünen Sauce (Rezept S. 157) darf er keinesfalls fehlen. Geben Sie ihn an Suppen und Salat oder grüne Blattgemüse. Seine hübschen blauen Blüten wurden früher kandiert und waren im Rokoko ein beliebtes Konfekt. Sie lassen sich gut zum Dekorieren von Salaten und Drinks verwenden.

Im April ausgesät, können Sie ihn im Juni schon verwenden. Der Samen muß gut mit Erde bedeckt sein. Günstig sind mehrere Nachfolgesaaten, damit Sie bis zum Herbst aromatische junge Triebe pflücken können.

Kartoffel-Gurken-Salat mit Borretsch

REZEPT FÜR 4 PERSONEN

500 Gramm halbfest kochende Kartoffeln

2 Freilandgurken

250 Gramm saure Sahne

Salz, schwarzer Pfeffer aus der Mühle

1 Bund Borretsch

Die Kartoffeln garen. In der Zwischenzeit die Gurken waschen, schälen, in dünne Scheiben hobeln und in eine Schüssel geben.

Die saure Sahne mit Salz und Pfeffer verrühren und unter die Gurken mischen.

Die Kartoffeln pellen, in Scheiben schneiden und zu den Gurken geben.

Den Borretsch waschen, trockentupfen, hacken und unter den Salat mischen. Mit Salz und Pfeffer abschmecken. Schmeckt gut zu gebratenem Fleisch.

Spinatsuppe mit Borretsch

REZEPT FÜR 4 PERSONEN

250 Gramm Spinat

1 Zwiebel

1 Bund Borretsch

2 Eßlöffel Butter

750 Milliliter Fleischfond (Rezept S. 167)

100 Gramm Schlagsahne

Salz, Pfeffer aus der Mühle

Den Spinat verlesen, waschen und gut abtropfen lassen. Die Zwiebel pellen und fein würfeln. Den Borretsch waschen, trockentupfen und in Streifen schneiden.

Die Zwiebelwürfel in der heißen Butter glasig dünsten, den Spinat und den gehackten Borretsch zufügen. Kurz dünsten und den Fleischfond zugießen. Aufkochen lassen und vom Herd ziehen. Die Suppe mit dem Stabmixer pürieren und nach und nach die Sahne zufügen. Mit Salz und Pfeffer würzen.

Liebstöckel

Levisticum officinale

Doldenblütler

Obwohl, wie man heute weiß, der Name Liebstöckel nichts mit Liebe zu tun hat, sondern vermutlich auf seine ligurische Herkunft zurückzuführen ist, trugen die jungen Bauernmädchen in Franken Liebstöckel in ihrem Mieder, um ihre Liebsten zu becircen.

In unserem Gemüsegarten wuchs eine riesige Liebstöckel-Staude, und es gab kaum einen Eintopf, der nicht mit Liebstöckel („Maggikraut") gewürzt wurde. Noch heute denke ich oft an die Graupensuppe, die ich als Kind so gerne gegessen habe und später bei mir niemals so gut geschmeckt hat wie bei meiner Großmutter.

Säen Sie den Liebstöckel an eine Mauer oder einen Zaun in feuchte, tiefgründige, nährstoffreiche Erde. Ab Juli können Sie die ersten Blättchen abschneiden. Schonen Sie die Pflanze im ersten Jahr noch ein bißchen, dann haben Sie viele Jahre etwas von ihr. Einfacher ist es eine erwachsene Staude zu kaufen.

Graupensuppe mit Liebstöckel

Rezept für 4 Personen

250 Gramm Perlgraupen

1½ Liter Fleischfond (Rezept S. 167)

1 Zwiebel, 1 Stück Sellerie

3 Karotten, 3 Kartoffeln

4 Stengel Liebstöckel

4 Räucherwürstchen

Die Perlgraupen in den Fond geben, zum Kochen bringen und 25 Minuten kochen lassen. Die Zwiebel pellen, den Sellerie, die Karotten und die Kartoffeln schälen und würfeln. Zu den Graupen geben.

Den Liebstöckel waschen, trockentupfen, die Blätter abzupfen und in die Suppe geben. Alles etwa 45 Minuten köcheln lassen.

Die Räucherwürstchen in siedendem Wasser 10 Minuten ziehen lassen und in die Suppe geben.

Linsensalat mit Liebstöckel

Rezept für 4 Personen

500 Gramm Linsen

1½ Liter Gemüsefond (Rezept S. 166)

3 Stengel Liebstöckel

2 mittelgroße Zwiebeln

6 Eßlöffel Sonnenblumenöl

2 Eßlöffel Rotweinessig

Die Linsen über Nacht in reichlich Wasser einweichen. Das Wasser abgießen und die Linsen in dem Gemüsefond in 1 Stunde garen.

Liebstöckel waschen, trockentupfen und die Blätter hacken. Nach 30 Minuten Kochzeit zu den Linsen geben. Die Linsen durch ein Sieb gießen und etwas abkühlen lassen.

Die Zwiebeln pellen und fein würfeln. In dem schwach erhitzten Sonnenblumenöl glasig dünsten. Öl und Zwiebeln etwas abkühlen lassen und den Essig unterschlagen. Die Marinade über die Linsen geben und 15 Minuten ruhen lassen.

Pimpinelle

Sanguisorba minor

Rosengewächse

Ihr lateinischer Name (auf deutsch: Blutaufsauger) verrät, wozu sie die Ärzte der Antike verwendet haben. Neben dem traditionellen Gebrauch als Wundstiller wurde sie in den mittelalterlichen Klostergärten angebaut, weil sie das ganze Jahr über grün blieb und als Würzkraut und Gemüse daher auch im Winter verfügbar war.

Die Staude, die auch Kleiner Wiesenknopf genannt wird, ist ein unkompliziertes, heimisches Kraut, das heute leider fast vergessen ist. Sie wird am besten immer frisch in Quark- und Eierspeisen, Suppen und Saucen gemischt. Am besten entfaltet sich ihr Aroma mit Zitronensaft oder Essig und Olivenöl.

Im Mai in Ihrem Küchengarten ausgesät, haben Sie viele Sommer immer frische Pimpinelle zur Hand.

Gemischter Blattsalat mit Pimpinelle-Zitronen-Marinade

Die gemischten Blattsalate gibt es heute in jedem Supermarkt zu kaufen. Da sie schon fertig geputzt sind, ersparen sie zwar Arbeit, aber haben natürlich einen hohen Vitaminverlust. Nur wenn ich es ganz eilig habe, greife ich darauf zurück.

REZEPT FÜR 4 PERSONEN

250 Gramm gemischter Salat

(Lollorosso, Rauke, Eichblatt etc.)

1 Bund Pimpinelle, 3 Eßlöffel Zitronensaft

6 Eßlöffel Traubenkernöl

Salz, Pfeffer aus der Mühle

Den Salat waschen und gut abtropfen lassen. Die Pimpinelle waschen und trockentupfen. Die Blättchen abzupfen und grob hacken.

Zitronensaft und Öl mit dem Schneebesen zu einer Emulsion verschlagen. Mit Salz und Pfeffer würzen und die Pimpinelle untermischen. Die Marinade über den Salat geben.

Grüne Sauce

Die Kräuter variieren von Region zu Region, aber Pimpinelle ist in jeder Version enthalten. Diese Mischung ist mein Lieblingsrezept.

REZEPT FÜR ETWA ½ LITER SAUCE

4 hartgekochte Eier

1 großer Bund Kräuter:

Petersilie, Kerbel, Pimpinelle, Borretsch,

Schnittlauch, Kresse, Sauerampfer, Zitronenmelisse

1 Ei

125 Milliliter Sonnenblumenöl

Saft von ½ Zitrone

Salz, Pfeffer aus der Mühle

½ Teelöffel Senf

1 Spritzer Worcestersauce

200 Gramm saure Sahne

Die Eier pellen und würfeln. Die Kräuter waschen und im Mixer pürieren, vorher alle harten Stiele entfernen. Das Ei unterschlagen und nach und nach das Öl zufügen. Dann mit Zitronensaft, Salz, Pfeffer, Senf und Worcestersauce würzen und die Sahne untermixen. In einen Krug umfüllen und die gewürfelten Eier unterheben.

Tripmadam

Sedum reflexum

Dickblattgewächse

Tripmadam gehört zu den Kräutern, die im vorigen Jahrhundert sehr beliebt waren, die heute aber kaum jemand mehr kennt.

Die immergrüne, winterharte Pflanze ist nicht nur ein interessantes Würzkraut, sondern ziert mit ihren hübschen gelben Blüten auch noch Ihren Garten. Rindfleisch-, Kartoffel und Gemüsegerichten und der berühmten Aalsuppe verleiht sie eine eigene Note. Man sollte Tripmadam jedoch nicht mitkochen und nicht trocknen. Nur frischgehackt schmeckt man ihr zartes, leicht säuerliches Aroma.

Sie mag sonnige Plätze, stellt aber an den Boden keine Ansprüche. Einmal Anfang März ausgesät, bleibt sie Ihnen jahrelang erhalten.

Eingelegte Tripmadam

Die eingelegten Tripmadamtriebe geben untergemischt jedem Salat eine pikante Note.

REZEPT FÜR 4 PERSONEN

250 Gramm Tripmadam,

nur die ganz jungen Triebe

2 Zweige Zitronenmelisse

500 Milliliter Weißweinessig

Die Tripmadamtriebe und die Zitronenmelisse gut waschen, abtropfen lassen und trockentupfen. In ein Einmachglas geben und mit dem Essig aufgießen. Für etwa 2 Wochen an einen sonnigen Platz stellen. Danach können Sie die Tripmadamtriebe verwenden. Die Zitronenmelisse lassen Sie im Essig, sie gibt ihm einen zitronigen Geschmack.

Gurken-Rindfleisch-Salat mit Tripmadam

REZEPT FÜR 4 PERSONEN

1 Freilandgurke

200 Gramm Roastbeef

1 Eßlöffel Weißweinessig

1 Eßlöffel Zitronensaft

5 Eßlöffel Sonnenblumenöl

Salz, Zitronenpfeffer (Rezept S. 140)

2 Zweige Tripmadam

Die Gurke waschen, schälen und in dünne Scheiben hobeln. Mit Salz bestreuen und Saft ziehen lassen.

Das Roastbeef in schmale Streifen schneiden. Essig, Zitronensaft, Öl, Salz und Zitronenpfeffer mit dem Schneebesen zu einer Emulsion verquirlen.

Die Tripmadamzweige waschen und trockentupfen. Die Blättchen abzupfen, hacken, mit der Breitseite der Messerklinge zerdrücken und sofort in die Marinade geben.

Den Gurkensaft abgießen, die Gurkenscheiben mit dem Roastbeef vermischen und die Marinade darübergeben.

Waldmeister

Asperula odorata

Rötegewächse

Wer hat sie als Kind nicht gerne gegessen, die grüne Götterspeise, diesen Wackelpudding mit dem herrlichen Waldmeistergeschmack. Keine Maibowle und keine Berliner Weiße ohne Waldmeister, auch in Limonaden und an Fruchtsalate gibt er sein wunderbares Aroma ab. Aber Vorsicht, nicht mehr als 3 Gramm verwenden, da der Aromastoff Cumarin auch Kopfschmerzen und Benommenheit hervorrufen kann. Am besten gedeiht Waldmeister im Laubwald. Wenn Sie ihn aber in Ihrem Garten pflanzen wollen, dann sollten Sie ihn im März in humosen Boden im Halbschatten aussäen.

Erfolgversprechender ist es jedoch, kleine Pflänzchen auszusetzen, er läßt sich so besser ansiedeln.

Waldmeister-Bowle

Rezept für 2 Liter Bowle

1 Handvoll Waldmeister

2 Liter trockener Riesling

Saft von 1 Zitrone

4–6 Eßlöffel Zucker

1 Flasche Sekt

Den Waldmeister waschen, trockentupfen und etwa 3 Stunden welken lassen. Die Blätter abzupfen, in ein Bowlengefäß legen. Mit dem Zitronensaft und einer halben Flasche Wein aufgießen. 3–4 Stunden an einem warmen Platz ziehen lassen.

Den Waldmeister herausnehmen, den restlichen Wein aufgießen und den Zucker zufügen. Dann den gekühlten Sekt hinzugießen und servieren. Wer mag, kann 500 Gramm gewaschene und halbierte Erdbeeren zufügen.

Joghurtspeise mit Waldmeister

Rezept für 4 Personen

1 Handvoll Waldmeister

100 Milliliter Milch

6 Blatt Gelatine

500 Gramm Joghurt

Abgeriebenes von ½ unbehandelten Zitrone

50 Gramm Zucker

Den Waldmeister waschen, trockentupfen und etwa 3 Stunden welken lassen. Die Blätter abzupfen, in eine Schüssel legen und die Milch dazugießen, 2 Stunden stehen lassen. Die Blattgelatine einweichen. Dann den Waldmeister herausnehmen und die Milch mit dem Zucker erhitzen – nicht kochen. Die eingeweichte Gelatine darin auflösen, etwas abkühlen lassen und mit dem Joghurt vermischen. Das Abgeriebene der Zitrone unterziehen und auf vier Dessertschalen verteilen. Zwei Stunden kalt stellen.

Zitronenmelisse

Melissa officinalis

Lippenblütler

Die in Südeuropa heimische Pflanze wurde um das Jahr 1000 von Benediktinern nach Deutschland gebracht und in den Klostergärten als Heilkraut angebaut. Die Zitronenmelisse gehörte zu den wichtigsten Heilkräutern des Mittelalters. Man traute ihr alles zu und verschrieb sie gegen Gedächtnisstörungen, Frauenleiden, Melancholie und Fallsucht. Den Karmeliterinnen war dieser Nutzen der wohlriechenden Pflanze offenbar noch zu wenig, sie experimentierten mit Alkohol und stellten schließlich den berühmten Melissengeist her, der bis heute als ein Allheilmittel gilt.

Das angenehme zitronige Aroma der Zitronenmelisse verbindet sich mit Süßspeisen ebenso gut wie mit Suppen, Salaten, Geflügel und Wild. Mitkochen lassen aber sollte man sie nicht, sondern die gehackten Blätter erst ganz zum Schluß darüberstreuen. Wer ein paar dieser anspruchslosen Stauden in seinen Garten pflanzt, hat vom Frühjahr bis zum Winter frische Zitronenmelisseblätter.

Tomaten-Salat mit Hüttenkäse und Oliven

REZEPT FÜR 4 PERSONEN

1 Bund Zitronenmelisse

3 Eßlöffel Zitronensaft

6 Eßlöffel Sonnenblumenöl

Salz, Pfeffer aus der Mühle

6 Tomaten

100 Gramm schwarze Oliven

50 Gramm Hüttenkäse

Die Zitronenmelisse waschen, trockentupfen und die Blättchen grob hacken. Aus Zitronensaft, Sonnenblumenöl, Salz und Pfeffer eine Salatsauce rühren. Die Zitronenmelisse sofort untermischen.

Die Tomaten waschen und in Scheiben schneiden. Mit den Oliven auf einer Platte anrichten, mit der Salatsauce begießen und den Hüttenkäse darüberbröckeln. Dazu geröstetes Baguette reichen.

Zitronenmelisse-Sauce

Diese abgewandelte Sauce Béarnaise schmeckt hervorragend zu gekochtem Fisch oder Geflügel.

REZEPT FÜR ETWA ¼ LITER SAUCE

1 Bund Zitronenmelisse

4 Eigelb

200 Gramm Butter

½ Teelöffel Dijonsenf

Saft einer Zitrone

Salz, Pfeffer aus der Mühle

Die Zitronenmelisse waschen, trockentupfen und hacken. Die Eigelbe im heißen Wasserbad mit einem elektrischen Rührgerät schaumig schlagen, dabei die Butter in Flöckchen untermischen. Den Dijonsenf und den Zitronensaft während des Rührens zufügen. Mit Salz und Pfeffer würzen und die gehackte Zitronenmelisse unterziehen.

	Jan	Feb	März	April	Mai	Juni
Die Blatt- und Stielgemüse						
Brennessel				E	E	E
Brunnenkresse	ME	ME	ME	ME	ME	
Cardy				A		
Gartenmelde			A	A	ME	M
Guter Heinrich			A	A	A	
Kapuzinerkresse				A	MA	ME
Löffelkraut			A	AE	E	
Löwenzahn			A	MA	MA	ME
Mangold				A	MA	MAE
Rauke	M	M	MA	MAE	MAE	MAE
Portulak			A	A		
Sauerampfer			MA	MA	MAE	ME
Der Kohl						
Meerkohlsprossen			A	MA	ME	ME
Schnittkohl		E	A	A	MAE	MA
Spitzkohl				MA	MA	M
Stielmus			A	A	MAE	ME
Die Knollen, Wurzeln und Rüben						
Herbstrübe						
Kerbelrübe			A	A		
Mairübe			A	A	ME	ME
Meerrettich	M	M	M	MA		
Petersilienwurzel	M	M	MA	MA	MA	MA
Pastinaken	M	M	MA	MA	MA	A
Rettich	M	MA	MA	MA	ME	ME
Rote Bete	M	M	M	MA	MA	MA
Schwarzwurzel	M	M	MA	MA	A	A
Steckrübe				A	A	A
Teltower Rübchen			A	A	MAE	MAE
Topinambur	M	MA	MA	MA		
Weißwurzel	M	MA	MA	M		A
Die Kürbisse						
Bischofsmütze				A	A	A
Riesenkürbis				A	A	A
Gemüsekürbis				A	A	
Die Eßkastanie						
Die Kräuter						
Bärlauch			ME	ME		
Beifuß				A		
Bohnenkraut				A	M	ME
Borretsch			A	A		ME
Liebstöckel			MA	MA	M	M
Pimpinelle				A	AM	M
Tripmadam			A	M	ME	ME
Waldmeister			A	M	ME	M
Zitronenmelisse			A		M	ME

A=Aussaat oder Aussetzen im Freiland E=Ernte M = Marktangebot

Juli	Aug	Sept	Okt	Nov	Dez	
						Die Blatt- und Stielgemüse
E	E	E				Brennessel
		M	M	M	M	Brunnenkresse
		M	ME	ME	M	Cardy
ME	ME	ME	ME			Gartenmelde
E	E	E	E			Guter Heinrich
ME	ME	ME	M			Kapuzinerkresse
						Löffelkraut
ME	ME	M	M			Löwenzahn
MAE	ME	ME	ME	E		Mangold
MAE	MAE	ME	ME	M	M	Rauke
	E	E	E			Portulak
ME	ME	MAE	M	M		Sauerampfer
						Der Kohl
						Meerkohlsprossen
MAE	MAE	MAE	E	E		Schnittkohl
M	M	ME	ME	M	M	Spitzkohl
ME	ME	MA	ME			Stielmus
						Die Knollen, Wurzeln und Rüben
	A	A	ME	ME		Herbstrübe
ME	ME	M	M			Kerbelrübe
ME	E					Mairübe
		ME	ME	ME	M	Meerrettich
A			ME	ME	ME	Petersilienwurzel
A		E	E	ME	ME	Pastinaken
M	MAE	ME	ME	M	M	Rettich
MA	ME	ME	ME	ME	ME	Rote Beete
		E	ME	ME	M	Schwarzwurzel
E	E	E	E	E		Steckrübe
ME	ME		E	E		Teltower Rübchen
A			ME	ME	ME	Topinambur
			ME	ME	M	Weißwurzel
						Die Kürbisse
M	ME	ME	ME			Bischofsmütze
		ME	ME	ME		Riesenkürbis
M	ME	ME	M			Gemüsekürbis
						Die Eßkastanie
						Die Kräuter
		A				Bärlauch
		ME	ME	ME		Beifuß
ME	ME	M	M			Bohnenkraut
ME	ME	M				Borretsch
ME	ME	ME	ME	ME		Liebstöckel
ME	ME	ME	ME			Pimpinelle
ME	ME	ME	ME	ME	ME	Tripmadam
						Waldmeister
ME	MAE	ME	ME	M		Zitronenmelisse

Gemüsefond

REZEPT FÜR ETWA 1½ LITER

½ Sellerieknolle

4 Möhren

3 Pastinaken

2 Stangen Lauch

3 Zwiebeln

2 Eßlöffel Sonnenblumenöl

1 Lorbeerblatt

1 Stengel Liebstöckel

Das Gemüse putzen, waschen und, wenn nötig, schälen, dann klein schneiden. Die Zwiebeln pellen und würfeln. Das Öl in einem großen Topf erhitzen und alles andünsten, nicht rösten. 1 Lorbeerblatt und Liebstöckel zufügen und mit 2 Liter Wasser aufgießen. Aufkochen und 1 Stunde bei geringer Temperatur sieden lassen. Am besten in jeweils ¼-Liter-Behältern einfrieren.

Geflügelfond

REZEPT FÜR ETWA 1½ LITER

1 Zwiebel

1 Möhre

1 Pastinake

etwa 750 Gramm Geflügelknochen, -hälse, -flügel

2 Eßlöffel Sonnenblumenöl

1 Kräutersträußchen aus jeweils 1 Stengel: Petersilie, Estragon, Frühlingszwiebel und Fenchelkraut

Das Gemüse putzen, waschen und schälen, dann kleinschneiden. Die Geflügelteile im Öl etwa 10 Minuten anbraten. Das Gemüse und das Kräutersträußchen zufügen und kurz mitbraten. Mit 2 Liter Wasser aufgießen und aufkochen. Die Hitze verringern und 1 Stunde bei geringer Temperatur sieden lassen. In ¼-Liter-Behältern gießen und einfrieren.

Fleischfond

REZEPT FÜR ETWA 1½ LITER

1 Zwiebel

2 Nelken

1 Möhre

1 Petersilienwurzel

1 Stück Knollensellerie

2 Eßlöffel Sonnenblumenöl

750 Gramm Fleischknochen

1 Kräutersträußchen aus jeweils 1 Stengel: Petersilie, Thymian, Liebstöckel, Oregano, Bohnenkraut

Die Zwiebel pellen und mit zwei Nelken spicken. Das Gemüse putzen, waschen, schälen und in grobe Würfel schneiden. Das Öl erhitzen und die Fleischknochen kräftig anbraten. Die Zwiebel, das Kräutersträußchen und das Gemüse zufügen und 15 Minuten mitschmoren. Mit 2 Liter Wasser aufgießen und 2 Stunden lang bei geringer Hitze sieden lassen.

Fischfond

REZEPT FÜR ETWA 1½ LITER

4 Schalotten

1 Stück Lauch

1 Stück Knollensellerie

1 Eßlöffel Butter

250 Milliliter trockener Weißwein

1 kg Fischabschnitte und -gräten

1 dünn geschnittene Schale von ½ unbehandelten Zitrone

1 Kräutersträußchen aus je 1 Zweig Estragon und Thymian, 4 Petersilienstengeln und einigen Sellerieblättern

für Schärfe sorgt ½ Peperoni ohne Kerne

Salz, Pfeffer aus der Mühle

Die Schalotten pellen und würfeln, den gewaschenen Lauch und den geschälten Sellerie kleinschneiden. In der heißen Butter dünsten und mit dem Wein ablöschen. 1½ Liter Wasser zugießen, die Fischabschnitte und -gräten und die restlichen Zutaten zufügen. Aufkochen lassen und den Schaum abschöpfen. Etwa 15 Minuten sieden lassen, dann mit Salz und Pfeffer abschmecken.

Den Fischfond, abkühlen lassen, durchsieben, in ¼-Liter-Behälter füllen und einfrieren.

Vinaigrette I

FÜR EINEN SALAT FÜR 4 PERSONEN

2 Eßlöffel Weinessig

Salz, Pfeffer aus der Mühle

1 Teelöffel Dijonsenf

6 Eßlöffel Olivenöl

Den Essig mit Salz, Pfeffer und Senf verrühren. Nach und nach das Öl zufügen und kräftig mit dem Schneebesen schlagen, damit sich die Zutaten zu einer Emulsion verbinden.

Vinaigrette II

FÜR EINEN SALAT FÜR 4 PERSONEN

1 Eßlöffel Roweinessig

1 Eßlöffel alter Balsamico-Essig

4 Eßlöffel Olivenöl

1 kleine Knoblauchzehe

Salz, Pfeffer aus der Mühle

1 Eßlöffel gehackte Kräuter

(Basilikum, Petersilie, Kerbel,

Borretsch, Schnittlauch, Dill)

Die Essige und das Öl verrühren. Die Knoblauchzehe durchpressen, mit Salz und Pfeffer untermischen. Zum Schluß die Kräuter unterrühren. Schmeckt gut zu gemischten Blattsalaten.

Vinaigrette III

FÜR EINEN SALAT FÜR 4 PERSONEN

2 Eßlöffel Sherryessig

1 Eßlöffel Geflügelfond (Rezept S. 166)

4 Eßlöffel Walnußöl

Salz, Pfeffer aus der Mühle

1 Eßlöffel gehackte Walnüsse

Den Sherryessig, Geflügelfond und das Walnußöl gut verrühren. Salz, Pfeffer und die Walnüsse untermischen.

Schmeckt gut zu Eichblattsalat mit Roquefortstückchen.

Kräuter-Vinaigrette

FÜR EINEN SALAT FÜR 4 PERSONEN

2 Eßlöffel Weißweinessig

1 Teelöffel alter Balsamico-Essig

Salz, Pfeffer aus der Mühle

1 kleine Knoblauchzehe

1 Eßlöffel gehackte Kräuter: Dill, Pimpinelle,

Petersilie, Basilikum und Estragon

6 Eßlöffel Olivenöl

Die Essige mit Salz, Pfeffer, der durchgedrückten Knoblauchzehe und den Kräutern vermischen. Danach das Öl mit dem Schneebesen kräftig unterrühren, bis sich die Zutaten zu einer Emulsion verbunden haben.

Béchamelsauce

Rezept für 1 Liter Sauce

60 Gramm Butter, 30 Gramm Mehl

250 Milliliter Milch

40 Gramm Schlagsahne

Salz, Pfeffer aus der Mühle

5 Eigelb

Die Butter in einem Topf zerlassen, das Mehl einrühren und 2 Minuten anschwitzen. Nach und nach die Milch zugießen und unter gelegentlichem Rühren 15 Minuten köcheln lassen. Die Sahne zugießen, nochmals kurz aufkochen, mit Salz und Pfeffer würzen und etwas abkühlen lassen. Eigelb nach und nach unter die Sauce rühren. Nicht mehr kochen!

Joghurt-Mayonnaise-Sauce mit Kräutern

Rezept für ¼ Liter Sauce

1 Eigelb, 1 Teelöffel Dijonsenf

Salz, Pfeffer aus der Mühle

Saft von ½ Zitrone

100 Milliliter Olivenöl

125 Gramm Joghurt

1 Bund frische gemischte Kräuter

Das Eigelb mit Senf, Salz, Pfeffer und Zitronensaft mit einem Handrührgerät verquirlen. Das Öl während des Rührens in dünnem Strahl zulaufen lassen und zu einer Mayonnaise aufschlagen. Dann den Joghurt unterrühren und zum Schluß die gehackten Kräuter zufügen.

Joghurt-Sauce

Rezept für ⅛ Liter Sauce

100 Gramm Joghurt

je 2 Eßlöffel Orangen- und Zitronensaft

Salz, weißer Pfeffer aus der Mühle

1 Bund Zitronenmelisse

Den Joghurt mit dem Orangen- und dem Zitronensaft vermischen, Salz und Pfeffer einrühren und die gehackte Melisse unterheben.

Schnittlauchsauce

Rezept für ½ Liter Sauce

30 Gramm Butter

30 Gramm Mehl

250 Milliliter Geflügelfond (Rezept S. 166)

2 Bund Schnittlauch

geriebene Muskatnuß

1 Eßlöffel Zitronensaft, 250 Gramm Schlagsahne

Salz, weißer Pfeffer

Die Butter in einem Topf schmelzen, das Mehl einrühren und unter Rühren einige Minuten schwitzen lassen.

Den Geflügelfond zugießen und kräftig rühren, damit keine Klümpchen entstehen. 5 Minuten köcheln lassen. Schnittlauch waschen und fein schneiden. Muskatnuß und Zitronensaft einrühren. Dann die Sahne zugießen, und die Sauce mit Salz und Pfeffer abschmecken. Den Topf vom Herd nehmen, den Schnittlauch unterheben und sofort servieren.

Nudelteig

REZEPT FÜR 4 PERSONEN

100 Gramm Weizenmehl

100 Gramm Hartweizengrieß

2 Eier

2 Eßlöffel Olivenöl

Alle Zutaten auf einer Arbeitsplatte zu einem festen Teig verkneten, zu einer Kugel formen und in Folie verpackt ½ Stunde in den Kühlschrank legen.

Wenn Sie Vollkornmehl verwenden wollen, geben Sie ein wenig Wasser zu, weil es mehr Flüssigkeit aufnimmt.

Den Teig auf bemehlter Arbeitsplatte dünn ausrollen und in die gewünschte Form schneiden.

Wenn Sie die Nudeln kochen, dann nehmen Sie für 100 Gramm Nudeln 1 Liter Wasser. Der Topf sollte natürlich groß genug sein.

Nudeln, die Sie gleich nach der Herstellung kochen, brauchen nicht abgeschreckt zu werden.

Mürbteig mit Mandeln

REZEPT FÜR EINE SPRINGFORM

VON 26 ZENTIMETER DURCHMESSER

250 Gramm Mehl

½ Teelöffel Salz

100 Gramm gemahlene Mandeln

125 Gramm Butter

4 Eßlöffel kaltes Wasser

Mehl, Salz, Mandeln und kleingewürfelte Butter auf eine Arbeitsfläche geben und mit einem großen Messer durchhacken. Wasser darüberträufeln und alles zu einem geschmeidigen Teig verarbeiten. In Folie gewickelt für 1 Stunde in den Kühlschrank legen.

Blitzteig

Rezept für eine Springform
von 26 Zentimeter Durchmesser

250 Gramm Sahnequark

250 Gramm Mehl

1 Teelöffel Salz

200 Gramm kalte Butter

Mehl zum Ausrollen

2 Eßlöffel Paniermehl

Den Sahnequark in ein Mulltuch geben und gut auspressen. Dann mit dem Mehl, Salz und der kleingewürfelten Butter mischen und mit einem großen Küchenmesser durchhacken. Mit den Händen zu einem geschmeidigen Teig verkneten. In Folie wickeln und 1 Stunde in den Kühlschrank stellen.

Pizzateig

Teig für ein Ofenblech

1 Würfel frische Hefe

125 Milliliter warmes Wasser

1 Prise Zucker

500 Gramm Mehl

1 Prise Salz

5 Eßlöffel Olivenöl

Die Hefe und den Zucker in dem warmen Wasser auflösen. Das Mehl auf einer Arbeitsplatte häufeln, eine Mulde eindrücken und das Hefewasser hineingießen. Salz und Olivenöl zufügen und mit den Händen zu einem glatten Teig kneten. An einem warmen Platz 2 Stunden gehen lassen. Nochmals durchkneten, ausrollen und belegen.

Kursiv gesetzte Seitenzahlen verweisen auf Abbildungen

Kursiv gesetzte Seitenzahlen verweisen auf Abbildungen

Kursiv gesetzte Seitenzahlen verweisen auf Abbildungen

Kursiv gesetzte Seitenzahlen verweisen auf Abbildungen